— EDITORIAL —

Liebe Leser!

Der August Dreesbach Verlag begrüßt Sie zu einem spannenden Rundgang durch Düsseldorf. Anders als viele Reiseführer werden wir allerdings die touristischen Highlights der Stadt kaum beachten. Wir werden die längste Theke der Welt genauso links liegen lassen wie die Königsallee und auch das Thema Karneval vernachlässigen. Stattdessen legen wir mit unserem Magazin eine Typotopografie Düsseldorfs vor, die Sie mit dem kreativen Potential der Stadt am Rhein vertraut macht.

Wir vom August Dreesbach Verlag haben uns die Zeit genommen, mit vielen interessanten Menschen über ihre Passion Typografie sowie über ihr Leben mit Worten und Büchern zu sprechen.

Auf unserem Weg durch die Hauptstadt NRWs besuchten wir zunächst die drupa in Stockum und bewunderten dort die neuesten Innovationen der Drucktechnik. In Flingern trafen wir die Künstler vom onomato-Verlag und stöberten in der Raub- und Nachdrucksammlung von Albrecht und Irmtraud Götz von Olenhusen. Wir sahen uns die Buchbinderei Mergemeier und die Buchstaben-Zentrale von Kristin Andrees in Friedrichstadt an. In der Fachhochschule in Golzheim besuchten wir Andreas Uebele und Johannes Henseler, um uns mit ihnen über das Projekt Schrift und Identität zu unterhalten. Bei Bové und Oeldemann mitten in der Stadt ging es um Leuchtwerbung, in Bilk erhielten wir in der Druckerei Neveling einen Einblick in die Produktionsprozesse. Die Spuren Harald Naegelis verfolgten wir anhand von Graffitis von Oberkassel bis Unterbilk. In der Immermannstraße bewunderten wir auf den Leuchtreklamen der Läden das japanische Schriftsystem. Auch unterhielten wir uns mit der aus Düsseldorf stammenden Typografie-Dozentin Mariko Takagi über die Bildlichkeit von Schrift.

All diese Menschen und Orte sind Beispiele für den liebevollen (Mergemeier), klangvollen (onomato), kraftvollen (Naegeli), professionellen (Neveling, drupa), akademischen (Schrift und Identität), revolutionär-subversiven (Raubdruck), interkulturellen (Takagi) und spielerischen Umgang mit Sprache und Schrift.

Wir sind beeindruckt vom typotopografischen Facettenreichtum der Landeshauptstadt und stellen fest, dass die letzte große Werbekampagne der Stadt mit Recht heißt: »Düsseldorf ist mehr!«

Übrigens haben wir noch viel mehr entdeckt, und schließen nicht aus, dass wir noch einmal wiederkommen, um weiter über spannende Projekte und innovative Orte zu berichten und nicht zuletzt zu schauen, ob und wie sich das Bekannte verändert hat!

Bis dahin, viel Spaß auf Ihrer typotopografischen Reise durch Düsseldorf,

Ihr Robert Kieselbach

— INHALT —

Viktoria Eiden
DIE DRUPA
4

Carolin Fischer
JAPANISCHE SCHRIFT UND GESTALTUNG
11

Carolin Fischer
MARIKO TAKAGI
16

Mareike Schön
DIE BUCHSTABENZENTRALE DÜSSELDORF
22

Robert Kieselbach
HARALD NAEGELI
27

Sabrina Kirschner
RAUB- UND NACHDRUCKARCHIV
32

Robert Kieselbach und Rene Lehmann
BOVÉ + OELDEMANN
36

Robert Kieselbach
DER ONOMATO VERLAG
40

Rene Lehmann
DONE MAGAZIN
43

Rene Lehmann
SCHRIFT UND IDENTITÄT
46

Rene Lehmann und Roxanne Papenberg
S/ASH
49

Carolin Fischer
DIE BUCHBINDEREI MERGEMEIER
52

Robert Kieselbach und Mareike Schön
MANCHMAL MUSS DIE STRASSE GESPERRT WERDEN …
56

Viktoria Eiden, Carolin Fischer, Sabrina Kirschner, Rene Lehmann, Mareike Schön
A–Z DÜSSELDORF
60

DANKSAGUNG
64

Sie können die Typotopografie-Hefte, die in unregelmäßigen Abständen erscheinen, auch abonnieren. Als nächstes werden »Leipzig« und »Frankfurt/Main« erscheinen. Formlose E-mail an den Verlag genügt, dann senden wir Ihnen die Hefte versandkostenfrei mit Rechnung zu:

info@augustdreesbachverlag.de

— IMPRESSUM —

© August Dreesbach Verlag, München 2012.
Alle Rechte vorbehalten.

Autoren: Viktoria Eiden (Historikerin), Carolin Fischer (Historikerin), Robert Kieselbach (Germanist), Sabrina Kirschner (Historikerin), Rene Lehmann (Historiker), Roxanne Papenberg (Historikerin) Mareike Schön (Historikerin)

Gestaltung, Umschlag und Satz: Anne Dreesbach, F. J. Keselitz, München und Manuel Kreuzer, Büro für visuelle Gestaltung, Hauzenberg

Gesetzt aus der Soleil, entworfen von Wolfgang Homola und der Meret, entworfen von Nils Thomsen.

Die Bildrechte liegen beim August Dreesbach Verlag bzw. bei den Menschen und Institutionen, die in den jeweiligen Artikeln besprochen werden.

Gesamtherstellung: Mediengruppe UNIVERSAL, München
Umschlag und Innenteil: Condat matt Périgord
Printed in Germany.
Dieses Heft wurde klimaneutral produziert.
ISBN 978-3-940061-92-8

Besuchen Sie uns im Internet: www.augustdreesbachverlag.de

Die drupa
– weltgrößte Messe der Printmedien

— VON VIKTORIA EIDEN —

Bei der drupa handelt es sich um die weltgrößte Messe für Printmedien. Bereits seit 1951 öffnet die bedeutendste Leistungsschau der Druck- und Druckmedienindustrie in Düsseldorf ihre Tore. Dabei werden in einem Abstand von drei bis fünf Jahren die neuesten Errungenschaften der Branche der Öffentlichkeit in großem Rahmen präsentiert. 2016 wird Düsseldorf wieder die nächste Verwandlung zur »drupacity« erfahren.

MIT DEM DRUPA-INFOMOBIL
ALLES WICHTIGE ERFAHREN
UND DIE DRUPACITY
KENNENLERNEN

Eine Messe mit Geschichte

Am 24. November 1949 wurde durch Vertreter der grafischen Industrie, der Papier verarbeitenden Industrie und der Druck-und Papiermaschinenindustrie der Beschluss gefasst, eine Fachausstellung für Druck und Papier zu etablieren. Die geplante Messe sollte die Tradition der Leipziger Burga, einer Ausstellung für Buchgewerbe und Grafik, fortführen, die die Anforderungen an eine Fachmesse für die freie Wirtschaft nicht mehr erfüllen konnte.

Ein halbes Jahr später, am 18. Januar 1950, fiel die Wahl auf Düsseldorf als Veranstaltungsort. Die Stadt schien das geeignete Ambiente für eine internationale Messe bieten zu können, wobei Düsseldorf als Bedingung den Bau zusätzlicher Messehallen versprechen musste. Die Gründer der drupa haben mit diesem Vorhaben den Vorstoß in eine völlig neue Dimension von Messeveranstaltungen gewagt. Eine so konzipierte Messe hatte es noch nicht gegeben, man betrat völliges Neuland. Für die drupa gab es weder Beispiele noch Vorbilder, auf die man hätte zurückgreifen können. Um die Aufmerksamkeit möglichst vieler Menschen auf die neue Messe zu lenken, wurde eine internationale Besucherwerbung gestartet, die in einem noch nicht dagewesenen Ausmaß durchgeführt wurde. Innerhalb dieser Aktion wurden weltweit 180.000 Exemplare eines Besucherprospekts, welcher in zehn Sprachen übersetzt wurde, eingesetzt.

So findet nun schon seit 1951 in der nordrhein-westfälischen Landeshauptstadt die weltgrößte und wichtigste Messe für Printmedien statt, die 1971 jedoch wegen Platzmangels endgültig auf das Messegelände in Düsseldorf-Stockum verlegt wurde. Der etwas sperrige Titel Internationale Messe Druck und Papier Düsseldorf 1951 wurde im täglichen Gebrauch rasch zu »Druck und Papier« und davon ausgehend knapp und pragmatisch zu DRUPA verkürzt – zunächst noch in Großbuchstaben geschrieben. Die griffige Abkürzung drupa kennzeichnet die Messe noch heute.

Obwohl die 1951 vorherrschenden Druckstandards schon lange nicht mehr »State of the Art« sind und Papier als Medium immer mehr in den Hintergrund gerät, ist die drupa für die Hersteller von Druckmaschinen immer noch mit Abstand die bedeutendste Messe. In Abständen von drei bis fünf Jahren wird hier den Neuheiten und Neuentwicklungen der Print- und Medienindustrie eine Bühne bereitet.

»DIE RASCHE REGENERIERUNG VON DÜSSELDORF BEGÜNSTIGTE DIE DRUPA IN IHRER ENTWICKLUNG ALS MESSE, WIE HIER IM JAHR 1954«.

Das Netz als Konkurrenz

Obwohl die Bedeutung der digitalen Informationsquellen beständig steigt, besteht auch heute noch starke Nachfrage nach Gedrucktem, wie zum Beispiel Bücher und Zeitungen, sodass die Branche der Druck- und Druckmedienindustrie sicher auch in Zukunft eine große gesellschaftliche Rolle spielen wird. Denn die Erfolgsgeschichte der digitalen Medien führte nicht zu einer Verdrängung der Printmedien, sondern zu einer Ergänzung auf dem Markt.

Dennoch steckt die traditionell von deutschen Firmen dominierte Branche der Druckmaschinenhersteller seit 2008 in einer Krise. Die Umsätze haben sich auf 4,5 Milliarden Euro halbiert. Neben der Finanzkrise ist dafür, wie schon erwähnt, der Wandel zur digitalen Informationsverarbeitung mitverantwortlich. Durch diese Konkurrenz wandern immer mehr Inhalte von Print ins Netz ab, wobei Kenner der Branche nicht davon ausgehen, dass Onlinemedien Printmedien in Zukunft ablösen werden, sondern dass beide Faktoren gewinnbringend ineinandergreifen werden.

Auch der Präsident der drupa 2012 und Vorstandsvorsitzender der Heidelberger Druckmaschinen AG Bernhard Schreier teilt diese Überzeugung und beurteilt den Erfolg der seit 60 Jahren stattfindenden drupa äußerst positiv. So ist die drupa nicht nur Ideengeber und Vorreiter für Trends der Industrie, sondern gibt gleichzeitig Impulse für technische Entwicklungen der Zukunft. Der Schwerpunkt der Messe liegt dabei auf dem Bereich der Technik.

Das Messegelände Düsseldorf bietet dem Megaevent drupa mit seinen 19 Hallen ausreichend Raum, um einerseits der immer noch großen Nachfrage nachkommen zu können und andererseits den neuen Entwicklungen ein Forum zu bieten, das diesen gerecht wird. Mittlerweile vertreten 1850 Aussteller aus ungefähr 50 Ländern die Bereiche der Druckmaschinen, Papierverarbeitung und Buchbinderei. Etwa 63 % der Aussteller und knapp 60 % der Besucher stammen aus dem Ausland. Lag der Anteil der ausländischen Besucher im Jahr 1972 bei 20 %, so waren 2008 schon über die Hälfte der Besucher, ca. 60 %, aus dem Ausland.

Trotz Besucherrückgang stimmen die Zahlen noch

Die Zahl der drupa-Aussteller konnte sich im Laufe der Jahre deutlich erhöhen. Auch die Ausstellungsfläche nahm

LUFTBILD VON DER DRUPA. ES WIRD VIEL PLATZ ZUR VERFÜGUNG GESTELLT, UM DER DRUCKERBRANCHE KEINE GRENZEN ZU SETZEN.

kontinuierlich zu und machte damit den Umzug der Messe schließlich unausweichlich. Auch die Besucherzahlen auf den Messen wiesen über die Jahre hinweg eine steigende Tendenz auf. Haben etwa im Jahr 1951 195.185 Gäste die Messe besucht, waren es im Jahr 1990 444.214 Besucher. Im Jahr 2008 machte sich jedoch ein Besucherrückgang bemerkbar, der auch im Messejahr 2012 anhielt, wobei jedoch auffiel, dass der Anteil an Top-Managern unter den Besuchern auf der drupa 2012 im Vergleich zur Messe 2008 deutlich angewachsen war (2012: 50,8 %; 2008: 44,4 %). Damit verbunden, versprachen sich die Veranstalter mehr Vertragsabschlüsse vor Ort – eine Erwartung, die erfüllt wurde. So fiel es auch nicht ganz so stark ins Gewicht, dass 2012 weniger Besucher zur Messe kamen. Dies war insofern keine Überraschung, als allein in Deutschland in den Jahren 2000 bis 2011 ungefähr 3 900 Druckereien den Betrieb einstellen mussten und über 61 000 Beschäftigte entlassen wurden. Auch in den USA mussten im gleichen Zeitraum über 7 700 Druckereien schließen. Solche Entwicklungen führen, wie Werner Matthias Dornscheidt, Vorsitzender der Geschäftsführung Messe Düsseldorf in einem Zeitungsartikel ausführt, letztendlich zu Veränderungen in der Zusammensetzung des Publikums, da überwiegend Manager, mithin die Entscheidungsträger, die Fachmesse besuchten, ohne die Begleitung weiterer Mitarbeiter. Allerdings ist zu beobachten, dass, während in den westlichen Industrieländern die Druck- und Medienbranche einen tiefgreifenden strukturellen Wandel durchläuft, sich die Märkte in den Schwellenländern wie Asien und Lateinamerika dynamisch entwickeln. »Auch gerade vor diesem Hintergrund ist die Messe in Düsseldorf ein wichtiger Ideengeber und zugleich eine Plattform für den Austausch von Lösungen und erfolgreichen Geschäftsmodellen.« Auch Bernhard Schreier unterstreicht den herausragenden Stellenwert der drupa für gerade diese Entwicklung im asiatischen und lateinamerikanischen Raum.

drupa bietet stets das Neueste zum Druck

Im Mittelpunkt der Messe steht das Thema Druckmedien und alles, was damit verbunden ist. Dabei werden unter anderem auch Systeme zur Druckvorstufe gezeigt. Zur Vorstufe zählen alle Arbeiten an Texten, Bildern und Grafiken zu Druckvorlagen, die vor dem endgültigen Druck des Produkts bearbeitet werden. Durch die vorgestellten Geräte

und das Zubehör bekommt man einen guten Überblick über die gesamten Vorgänge. Des Weiteren erhält der Besucher der drupa auch einen Einblick in die Buchbinderei sowie in die Papierverarbeitung. Natürlich werden in diesem Rahmen auch die Dienstleistungen der einzelnen Aussteller beworben, um bei möglichen Auftraggebern Interesse zu wecken. Auf der letzten drupa im Mai 2012 waren Automatisierung, Verpackungsdruck, Digitaldruck, hybride Technologien, Web-to-Print-Anwendungen und umweltgerechtes Drucken die dominierenden Themen der Messe. Die Besucher zeigten besonderes Interesse und Begeisterung für Digitaldruckmaschinen und Digitaldrucksysteme und bezeichneten diesen Themenbereich im Nachhinein als Highlight der Messe. Sie wurden ausführlich darüber informiert, welche Printprodukte künftig den kommunikativen und wirtschaftlichen Erfolg bringen können.

Bisweilen ist es für die Besucher schwierig, bei der Fülle des Angebots und auf dem weiten Messegelände einen Überblick über ein spezielles Interessensgebiet zu bekommen. Die »Highlights Touren« bieten Abhilfe, denn »sie liefern Informationen in schneller und kompakter Form«, erläutert Manuel Mataré, Direktor und Projektleiter der drupa 2012. Den Service der Touren bietet, wie auch in den Jahren zuvor, die Deutsche Drucker Verlagsgesellschaft an.

Als erfreuliches Resultat der letzten Messe wurde hervorgehoben, dass viele Aufträge noch auf der Messe vergeben wurden und auch die Hoffnung auf ein gutes Nachmessegeschäft genährt worden ist. Es ist natürlich besonders positiv, wenn in einer für die Druckbranche doch recht schwierigen Zeit solche Zeichen gesetzt werden.

Die drupacity – Düsseldorf steht Kopf

Düsseldorf steht während der Zeit der Messe ganz im Zeichen der drupa. So trifft man an vielen Orten der Stadt auf das Thema Druckmedien. Die Gastronomie, der Einzelhandel sowie Kunst und Kultur zeigen sich besonders rege, um den Gästen aus aller Welt den Aufenthalt in Düsseldorf interessant zu gestalten und die Stadt im Ganzen im Licht der drupa leuchten zu lassen. Besonders Künstler nutzen die drupa, um in den Einkaufszentren rund um die Königsallee ihre Werke und Arbeiten mit Druck und Papier zum Projekt drupart zu präsentieren. So sind Möbel aus Papier und in individuellem Design nur ein

PRÄSIDENT DER DRUPA 2012 UND VORSTANDSVORSITZENDER DER HEIDELBERGER DRUCKMASCHINEN AG BERNHARD SCHREIER ZIEHT EINE POSITIVE BILANZ AUS DER MESSE.

kleiner Teil des Angebots. In Galerien und Museen präsentiert die drupa so mit dem Projekt drupart zeitgenössische Kunst von Absolventen der Akademie und Größen der hiesigen Szene. Aber auch bekannte und durchaus renommierte Künstler stellen ihre Werke dem kunstliebenden Publikum zur Verfügung. Viele der Ausstellungen und Aktionen wurden allein für drupart konzipiert und zeigen einen künstlerischen und oft auch sehr eigenen Umgang mit Papier und Druck. An verschiedenen Abenden gibt es sogar die Möglichkeit, die Künstler persönlich kennenzulernen und sich im Rahmen von Vernissagen ausführlicher mit ihren Projekten auseinanderzusetzen.

Ein weiteres Highlight ist der drupa-Song. Erstmals wurde im Jahr 1986 anlässlich einer drupa ein Musikstück komponiert. Seit dem Jahr 2000 gehört der drupa-Song zum festen Bestandteil der Messe.

Die nächste drupa wird vom 5. bis zum 16. Juni 2016 stattfinden und erneut einen Einblick in die Neuigkeiten der Druckbranche liefern. Begleitend erscheint neben der drupa der sogenannte drupa-Report, durch den Interessierte im Vorfeld auf die Messe eingestimmt und auf aktuelle Trends und Neuerungen aufmerksam gemacht werden sollen. Dabei ist positiv hervorzuheben, dass die Ausgaben Nr. 3 und Nr. 4 des drupa-Reports den begehrten internationalen Designpreis, den »red dot«, bereits für sich gewinnen konnten. Jedes Jahr wird im internationalen Wettbewerb der »red dot award« für anspruchsvolles und innovatives Design vergeben. ——

Japanische Schrift und Gestaltung im Stadtbild von Düsseldorf.

— VON CAROLIN FISCHER —

Nach London und Paris lebt die drittgrößte japanische Gemeinschaft Europas in Düsseldorf. Die Landeshauptstadt wird aus diesem Grund »Klein-Tokio am Rhein« genannt. In Niederkassel befindet sich ein japanischer Kindergarten, eine japanische Schule, ein japanischer Garten mit dem Kulturzentrum Eko-Haus. In der Immermannstraße gibt es mehrere japanische Reisebüros, Videotheken, Buchläden, Bäckereien sowie Karaoke-Bars, Cafés und Sushi-Restaurants in Hülle und Fülle. Das japanische Schriftsystem und die Leuchtreklamen der Geschäfte prägen vielerorts das Düsseldorfer Stadtbild. Doch warum sind die Japaner gerade in der nordrhein-westfälischen Hauptstadt ansässig geworden?

Die deutsch-japanische Freundschaft feierte im Jahr 2011 ihr 150-jähriges Bestehen. 1861 schlossen Preußen und Japan in Edo, dem heutigen Tokio, einen »Freundschafts-, Handels- und Schiffahrtsvertrag«. »Es soll ewiger Friede und beständige Freundschaft bestehen zwischen Seiner Majestät dem Könige von Preußen und Seiner Majestät dem Taikuhn von Japan, ihren Erben und Nachfolgern« steht in dem Vertrag geschrieben, der fortan Grundlage der diplomatischen Beziehungen war. Preußen entsandte Max von Brandt als Konsul nach Japan, sein Stellvertreter wurde der Düsseldorfer Kaufmann Louis Kniffler (1827–1888).

Kniffler gilt als Wegbereiter des deutsch-japanischen Handels. Noch vor Abschluss des offiziellen Handelsvertrages zwischen Preußen und Japan eröffnete er im Juli 1859 in Nagasaki ein Handelshaus. Das Unternehmen, das später unter L. Kniffler & Co. firmierte, errichtete er unter dem Schutz Hollands, das bereits offiziell mit Japan handelte. In der Folge setzte er sich für eine staatliche Regelung des deutsch-japanischen Handels ein. Nach dem Abschluss des Handelsvertrages ernannte ihn die preußische Regierung zunächst zum Vizekonsul, später zum Konsul. 1866 kehrte er wieder nach Düsseldorf zurück.

Bereits in dieser Zeit entstanden besondere Beziehungen der Rhein-Ruhr-Region zu Japan. Von Düsseldorf aus etablierte Louis Kniffler Handelbeziehungen der Gussstahlfabrik Krupp in Essen zu der japanischen Eisenverarbeitungsindustrie.

Im Innenhof des Deutsch-Japanischen Zentrums in der Immermannstraße erinnert eine Gedenktafel, angeregt vom Heimatverein Düsseldorfer Jonges, an ihn.

In Deutschland war im 19. Jahrhundert über Japan wenig bekannt. Die japanische Schrift und Kultur wirkte dennoch oder gerade deswegen inspirierend auf die Düsseldorfer Künstlerszene. 1889 wurde im Künstlerverein Malkasten das Stück »Düsseldorf Seestadt oder Charybdis und Scylla«

SEITE 11: IM DEUTSCH-JAPANISCHEN ZENTRUM IN DER IMMERMANN-STRASSE BEFINDET SICH DAS 600-BETTEN-HOTEL NIKKO.

SEITE 12 OBEN: ERINNERUNGSTAFEL AN LOUIS KNIFFLER IM INNENHOF DES DEUTSCH-JAPANISCHEN CENTERS

DAS LOGO DES SPEZIALITÄTENRESTAURANTS BENKAY SPIELT MIT SCHRIFT UND BILD.

SEITE 12 UNTEN: IN DER JAPANISCHEN SCHULE SIND ALLE HINWEISSCHILDER ZWEISPRACHIG.

OBEN RECHTS: IM JAPANISCHEN GARTEN BEFINDEN SICH AUCH EIN KINDERGARTEN UND EIN KULTURZENTRUM.

IM WARAKU WERDEN ONIGIRI UND GRÜNER TEE ANGEBOTEN.

UNTEN RECHTS: DER BUCHLADEN TAKAGI BOOKS & MORE IN DER MARIENSTRASSE VERKAUFT NEBEN BÜCHERN AUCH COSPLAY-KOSTÜME.

aufgeführt, in dem eine Japanerin auftrat. Das Plakat zu der Vorstellung setzte in Gestaltung und Schrift die Vorstellung von japanischer Kultur grafisch um.

In den 1920er Jahren waren vor allem Hamburg mit seinem Überseehafen und Berlin als preußische Hauptstadt Zentren der deutsch-japanischen Begegnung. Düsseldorf wurde erst nach dem Zweiten Weltkrieg das japanische Zentrum Deutschlands. Das kriegsgeschädigte Japan musste Ende der 1940er Jahre die Herausforderung bewältigen, das Land schnell wiederaufzubauen. Die japanische Regierung forcierte in einem Fünfjahresplan den Aufbau der Schwerindustrie. Vor allem Stahl und Kenntnisse im Maschinenbau waren gefragt. Düsseldorf als Verwaltungssitz vieler Produktionsbetriebe wie Mannesmann, Thyssen und Krupp entwickelte sich deswegen zum Ausgangsort der japanischen Handelsbemühungen. Die erste japanische Firma, die im Düsseldorfer Handelsregister 1955 registriert wurde, war die Deutsche Mitsubishi Export- und Import GmbH. In der Folge wurden immer wieder Japaner von ihren Firmen für eine begrenzte Zeit nach Düsseldorf geschickt, um diese im Ausland zu vertreten.

Im Laufe der 1960er Jahre weiteten sich die Handelsbeziehungen auf andere Gebiete aus. Kaufleute begannen damit, japanische Lebensmittel, Haushaltsutensilien und Zeitungen in Deutschland zu verkaufen. Gleichzeitig eröffneten die ersten japanischen Restaurants. Ende der 1960er Jahre lebten bereits rund 1.000 Japaner in der Stadt am Rhein.

Die zahlenmäßig stark angewachsene japanische Gemeinde baute ihr soziales Netzwerk zunehmend aus. 1964 wurde die deutsch-japanische Gesellschaft am Niederrhein gegründet.

Im gleichen Jahr ging der japanische Club aus einem »Japaner-Stammtisch« hervor. Der Club bietet seitdem seinen Landsleuten Hilfe in verschiedenen Lebensbereichen an und organisiert kulturelle Aktivitäten. Nur zwei Jahre später ließ sich die Japanische Industrie- und Handelskammer in Düsseldorf nieder, um die deutsch-japanischen Wirtschaftsbeziehungen zu fördern und die regionalen Bedingungen für japanische Unternehmen zu verbessern.

Das japanische Konsulat wurde 1965 eröffnet und wurde zwei Jahre später Generalkonsulat. Aus einer Elterninitiative ging 1971 die Japanische Internationale Schule in Niederkassel hervor, die eine dem japanischen Bildungssystem entsprechende Ausbildung anbietet. Das Schild am Eingang, das auf die Schule hinweist, ist ebenso zweisprachig gehalten wie der Hinweis darauf, dass widerrechtlich parkende Fahrzeuge abgeschleppt werden.

1975 schenkte die Düsseldorfer japanische Gemeinde der Landeshaupt-

OBEN: IM BOOKSTORE NIPPON SPRICHT UND LIEST MAN JAPANISCH.

SEITE 15: DAS PLAKAT DER KAMPAGNE »JA ZU JAPAN«, ENTWICKELT VON WILFRIED KORMACHER, CONSTANZE PFLEIDERER UND DANIEL STOFFELS, RUFT ZUR SOLIDARITÄT MIT JAPAN AUF.

stadt einen japanischen Garten, den Iwaki Ishiguro gemeinsam mit seinem Sohn als Teichgarten entwarf. Der Garten mit den akkurat geschnittenen Bonsai-Bäumen liegt etwas versteckt im ruhigen Stadtteil Niederkassel. Auf dem Gelände befinden sich zudem das Eko-Haus mit einem Teeraum und einer Bibliothek, ein japanisches Kulturzentrum, ein buddhistischer Tempel und ein japanischer Kindergarten. In den linksrheinischen Stadtteilen, die von gepflegten Reihenhäusern dominiert werden, leben die meisten Japaner.

Die Verbindung zwischen Japan und Düsseldorf wurde im Laufe der Jahre immer enger. Im Jahr 1983 fand die erste Japan Woche statt. Der Düsseldorfer Oberbürgermeister Josef Kürten hatte zwei Jahre zuvor die japanische Regierung in Tokio zu dem kulturellen Austausch und der Darstellung japanischer Lebensart eingeladen. Seitdem gibt es regelmäßig ähnliche Begegnungsfeste. Das Logo der ersten Japan Woche ist schlicht gehalten und zeigt die Rote Sonne, unter der, mal in Japanisch, mal in Deutsch, der Schriftzug »Japan Woche« zu sehen ist. In einer Variation des Logos wurden gar die lateinischen Buchstaben so gestaltet, dass sie optisch an japanische Schriftzeichen erinnern.

Zwar leben die meisten Japaner im linksrheinischen Niederkassel, am deutlichsten ist der japanische Einfluss auf das Düsseldorfer Stadtbild aber rund um die Immermannstraße zu sehen. Die Straße in der Stadtmitte entwickelte sich seit dem Ende des Zweiten Weltkriegs zum Zentrum der Niederlassungen japanischer Firmen.

Nur wenige hundert Meter vom Düsseldorfer Hauptbahnhof entfernt befindet sich die einzige Japantown Deutschlands. »Little Tokyo« besteht im wesentlichen aus der Immermannstraße und einigen angrenzenden Seitenstraßen. Entlang der breiten Allee der Immermannstraße reiht sich ein japanisches Geschäft an das nächste. Dabei tauchen Reklametafeln in den verschiedenen Schriftsystemen auf: die aus dem Chinesischen übernommenen Logogramme, die Kanji ebenso wie die Silbenschrift Kana, bestehend aus den Hiragana und den Katakana, oder das lateinische Alphabet, das die Japaner Rōmaji nennen.

Mehrere Supermärkte bieten alles zur Zubereitung japanischer Gerichte an. In verschiedenen Buchläden wie dem Bookstore Nippon oder Takagi Books werden Zeitschriften, Zeitungen, Bücher, Mangas, Schreibgeräte für Kalligrafie, Hello Kitty-Artikel und buntes Origami-Papier verkauft. Das Reisebüro Fuji Rhein vermittelt Schiffstouren auf dem romantischen Rhein gezielt an japanische Touristen. Die Informationsbroschüren und Ausflugsangebote werden ausschließlich in der japanischen Silbenschrift vermittelt.

Es gibt ein Ärztehaus mit japanischsprachigen Medizinern und sogar die Informationsschilder der Immermann Apotheke informieren zweisprachig. Die Rote Sonne Japans ziert das »I« im Namen der Apotheke.

An der Kreuzung zur Charlottenstraße wurde in den 1970er Jahren das Deutsch-Japanische Center erbaut, das das Hotel Nikko, die japanische Industrie- und Handelskammer, das Japanische Generalkonsulat sowie die Bank of Tokyo beherbergt. Zum Hotel Nikko gehört auch das Restaurant Benkay, das über den Innenhof des Zentrums zu erreichen ist. Ein aktueller Fingerfood-Trend sind die Onigiri, gefüllte Reisbälle, die von Nori-Algen umhüllt werden. Das Waraku wirbt für diese mit dem Slogan »einfach essen«.

Sogar der Fußballverein Fortuna Düsseldorf gibt eine japanische Version seiner Fanzeitung heraus. Anlässlich des Japan-Tages 2012 entwarf Fortuna einen Fan-Schal sowie ein T-Shirt, auf dem die Düsseldorfer Skyline zu sehen ist, darunter steht die Frage »Wo ist deine zweite Heimat?«.

In anderen Medien treffen Japan und Deutschland ebenfalls aufeinander. Eines der beliebtesten Medien japanischer Popkultur ist der Manga. »Man« bedeutet zwanglos, »ga« bedeutet Bild. Bereits vor rund 200 Jahren bezeichnete der Begriff Manga eine Skizze oder ein humorvolles Bild. Während Mangas früher vorwiegend als Bildergeschichten für Kinder gedacht waren, so gibt es

ヤー日本
WIR SAGEN JA ZU JAPAN

heute zahlreiche Mangas, die sich an Erwachsene richten und in den Büchergeschäften der Immermannstraße angeboten werden. In den 1980er Jahren entstand ein Manga, der das Leben Heinrich Heines beschreibt. Der Dichter und Schriftsteller Heinrich Heine, Namensgeber der Düsseldorfer Universität, genießt in Japan hohes Ansehen.

Während 2011 mit zahlreichen Sonderveranstaltungen zur japanischen Kultur und den deutsch-japanischen Beziehungen dem Jubiläum der seit 150 Jahren währenden offiziellen Freundschaft gedacht wurde, erschütterte ein schweres Erdbeben den Inselstaat. Die durch das Erdbeben ausgelöste Nuklearkatastrophe in Fukushima im März 2011 machte die Menschen weltweit betroffen. Wilfried Kormacher, Professor für Design an der Fachhochschule Düsseldorf, entwickelte vor diesem Hintergrund mit Constanze Pfleiderer und Daniel Stoffels die Kampagne »Ja zu Japan«, deren Schirmherr der Düsseldorfer Bürgermeister Dirk Elbers ist. Die Silbe »Ja« in Japan betonten sie grafisch, um Anteilnahme und Zuversicht auszudrücken. Der Slogan wurde von den Grafikern so arrangiert, dass die Sonne der japanischen Flagge erkennbar ist. Das Plakat wurde als Citylight-Poster in den Haltestellen der Rheinbahn AG in Düsseldorf und Umgebung der Öffentlichkeit präsentiert.

In der heutigen Zeit zeigt sich der Einfluss japanischer Kultur und Gestaltung zwar an vielen Orten in Deutschland, doch die Beziehung Düsseldorfs zu Japan bleibt besonders. Die japanische Gemeinde ist selbstverständlicher Bestandteil der Stadt, die japanischen Schriftzeichen zieren das Stadtbild in der Stadtmitte. Wer sich einmal fühlen möchte wie in Japan, muss einfach nur durch die Immermannstraße flanieren.

EIN KULTURSCHATZ MIT CHINA. 18 JAPAN. 19 LANGER TRADITION. 20 NARA. 21 HEIAN. 22 KAMAKURA. 23 EDO. 24 MEI...

1565 1575 1585 1595 1605 1615 1625
1635 1645 1655 1665 1675 1685 1695 1705 1715 1725 1735 1745 1755 1765 1775 1785 1795 1805 1815 1825 1835 1845 1855 1865 1875 1885 1895 1905

HINTERGRUND: WASHI – TRADITION
UND KUNST DES JAPANPAPIERS,
ERSCHEINUNGSJAHR 2003.

RUGBY: MEN WURDE GESTALTET VON
SANO KENJIRO FÜR DAS ERÖFFNUNGS-
SPIEL DER JAPANISCHEN RUGBY-SAI-
SON. DAS ZEICHEN FÜR KANJI –
MANN, 90 GRAD NACH LINKS
GEDREHT, DIENT ALS SYMBOL FÜR
DIE KRAFT UND DYNAMIK IM FELD.

QUELLE: HUFNAGEL, FLORIAN (HG.):
JAPANISCHE PLAKATE – HEUTE.
AUSST. KAT., DIE NEUE SAMMLUNG,
MÜNCHEN, 2006, S. 125.

RUGBY FOOTBALL
2001 SEASON OPENING MATCH.
JAPAN × PRESIDENT'S XV
09.07 FRI. 2001 19:00 KICK OFF AT 国立競技場

— VON CAROLIN FISCHER —

MARIKO TAKAGI
über Typografie, Düsseldorf und die Begegnung Japans mit dem Westen

Mariko Takagi wurde 1975 in Düsseldorf geboren und wuchs dort auf. Sie studierte an der Fachhochschule Münster Grafikdesign. Ihrer Diplomarbeit »Washi – Tradition und Kunst des Japanpapiers« wurde von der Stiftung Buchkunst in Frankfurt das höchste Prädikat, der »Goldene Letter«, verliehen. Sie ist als selbstständige Grafikdesignerin tätig, Autorin sowie Gestalterin zahlreicher Buchprojekte und unterrichtete an den Fachhochschulen Mainz, Münster und Düsseldorf Typografie und Gestaltung. Seit 2010 ist sie Inhaberin einer Professur an der Hongkong Baptist University. Ihre Doktorarbeit, die sie kürzlich an der Hochschule für Bildende Künste in Braunschweig eingereicht hat, beschäftigt sich mit der visuellen Begegnung zwischen Japan und dem Westen.

CF: Frau Takagi, Sie sind in Düsseldorf aufgewachsen. Was hat Ihre Eltern ins Rheinland geführt?

MT: Mein Vater ist Japaner, meine Mutter Deutsche. Mein Vater war beruflich in Düsseldorf und besuchte regelmäßig die Buchhandlung Linke auf der Königsallee. Meine Mutter arbeitete dort als Buchhändlerin. Dort haben sie sich kennengelernt und sind anschließend in Düsseldorf und Umgebung geblieben.

CF: Sie haben die Japanische Internationale Schule in Niederkassel besucht. Welche Unterschiede gibt es zu einer deutschen Schule und was hat Ihnen die japanische Schule mit auf Ihren Lebensweg gegeben?

MT: Japanische und deutsche Schulen sind sehr unterschiedlich. Ich war seit der Grundschule auf der Japanischen Schule. In der neunten Klasse bin ich auf ein Gymnasium gewechselt. Das war ein ziemlicher kultureller Schock. In gestalterischer Hinsicht ist es auf jeden Fall so, dass die Bücher in japanischen Schulen sehr viel besser sind. Rückblickend kann ich sagen, dass diese sehr gut gestaltet waren, sehr ansehnlich und interessant aufgemacht. Das beeinflusst einen.

CF: Wo zeigt sich in Düsseldorf der Einfluss japanischer Gestaltung im Stadtbild?

MT: Natürlich auf der Immermannstraße ganz stark! Aber auch sonst gibt es relativ viele Läden in Düsseldorf wo der japanische Einfluss sichtbar ist. Einige Cafés sind mittlerweile sehr nett aufgemacht, da kann man einen Touch Japan erkennen. Hervorzuheben ist beispielsweise das Toykio, eine Mischung aus Café und Galerie.

Allerdings kann ich nicht behaupten, dass ich den japanischen Einfluss so viel stärker sehe, als in einer anderen Stadt. Ich habe den Eindruck, dass beispielsweise die Japanische Schule immer eine Insel für sich war, solange man sich auf der Insel befand, hatte man wenig Verbindung zur Außenwelt und umgekehrt auch.

CF: Die Japanische Schule und der japanische Garten sind recht versteckt gelegen.

MT: Ja, man muss sie finden wollen oder wissen, wo sie sich befinden.

CF: Welcher Ort in Düsseldorf, an dem deutsche und japanische Kultur aufeinandertreffen, gefällt Ihnen persönlich am besten?

MT: Gute Frage. Ich wohne jetzt schon seit zwei Jahren nicht mehr dort, aber wenn ich zurückdenke... Es gab ein Café, in das ich sehr gerne gegangen bin, das Relax Café auf der Immermannstraße und der Laden Kyoto, der wunderschöne japanische Alltagsgegenstände wie Schalen oder Teekessel hat. Die Läden finde ich schön und zeigenswert.

CF: Wann haben Sie begonnen, sich für Gestaltung und Schrift zu interessieren?

MT: Für Gestaltung schon früher. Als Kind wollte ich zunächst Innenarchitektin werden, dann habe ich über Architektur nachgedacht. Mein Schulpraktikum habe ich allerdings in einer Werbeagentur in Krefeld absolviert. Dort kam ich darauf, dass ich eher im Bereich Grafik was machen könnte. Das war der Einstieg. Studiert habe ich dann zuerst am Institut für Design in der Düsseldorfer Luisenstraße. Dort hatte ich eine sehr gute und engagierte Dozentin, die Typografie unterrichtet hat, das war für mich der Beginn. Typografie ist eigentlich eine Nische. Wenn man Typografie sagt, wissen die meisten Studenten zu Beginn des ersten Semesters nicht genau, worum es geht. Diese ersten drei Semester waren für mich ausschlaggebend. Danach bin ich nach Münster gegangen, weil ich mich in Düsseldorf nicht weiter spezialisieren konnte und habe an der Fachhochschule Münster bei Professor Brückner Gestaltung und Informationsdesign studiert.

CF: Was fasziniert Sie an Typografie?

MT: Es geht sehr viel um Details. Es hilft, wenn man eine Affinität für diese hat und auf sie achtet. Es geht um Spannung, Balance und Weissraum. Auf der einen Seite geht es mir um im einzelnen unscheinbare Details, die man übersehen könnte. Auf der anderen Seite kann man mit der Typografie unwahrscheinlich viel in der Gestaltung bewegen. Auch wenn der Leser es zuerst nicht merkt, kann man wahnsinnig viel lenken: wie eine Schrift wahrgenommen wird, wie ein Text gelesen wird, wie schnell, wie langsam man ihn liest oder wie gut oder schlecht man etwas entziffern kann. Das fand ich immer sehr spannend, dieses Spiel mit der Schrift, das Spiel mit der Sprache ist mir auch sehr nah. Das ist ein anderer Grund, weswegen mich die Typografie fasziniert.

CF: Warum gestalten Sie Bücher, warum haben Sie sich gerade für dieses Medium entschieden?

MT: Das hat viel mit meiner Kindheit zu tun. Meine Mutter war Buchhändlerin, liest natürlich sehr, sehr viel. Meine Eltern lieben Bücher. Das meiste, was unsere Familie besitzt, sind eigentlich Bücher. Wir könnten wahrscheinlich locker eine kleine Bibliothek füllen, wenn alle Familienmitglieder ihre Bücher zusammenbringen würden. Einmal kommt es wahrscheinlich daher, dass ich zwischen Büchern groß geworden bin. Ich habe immer sehr viele Bücher angeschaut und gelesen. Auf der anderen Seite finde ich, dass man mit Büchern unwahrscheinlich viel erzählen kann. Ein Plakat ist auch etwas interessantes, aber man kann nicht kontinuierlich eine Spannung aufbauen. Das erzählen einer Geschichte über mehrere Seiten hinweg in einem Buch, ist etwas

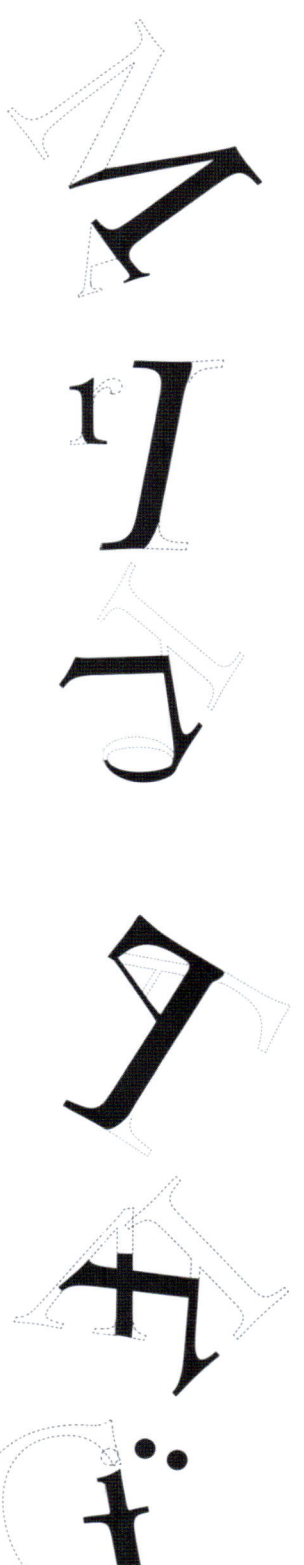

AUS DEM BUCH 100 THINGS – TO SURVIVE IN HONGKONG, ERSCHEINUNGSJAHR 2012.

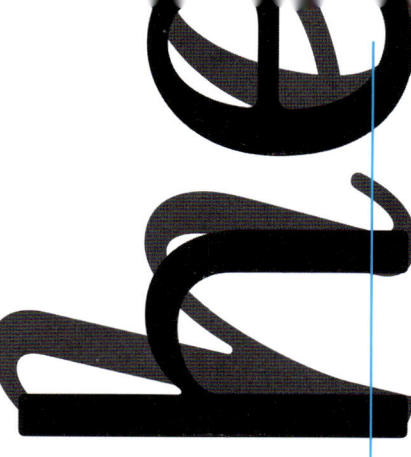

anderes. Man kann abrupt etwas ändern, man kann Spannung erzeugen, einen zwischendurch hinhalten.

Es ist ähnlich wie mit dem Medium Film, nur dass die lesende Person selber dirigiert, weil sie die Geschwindigkeit, mit der sie blättert, selber bestimmen kann. Ein Buch ist eigentlich wie ein Film, wo aber der Leser daran teilhaben kann, die Bilder können sich im Kopf noch weiterentwickeln. Deswegen finde ich das Buch als Medium so spannend. Dann kommt natürlich noch etwas anderes hinzu wie die Materialität, das Geräusch von Papier, die Haptik von Papier, manchmal auch der Geruch. Ich denke, das Buch kann sich nicht durch Kindle oder andere Sachen ersetzen lassen. Als Gestalter muss man das Format eines Buches selbst bestimmen. All das ist immer noch nicht durch ein digitales Medium zu ersetzen.

CF: Sie haben Vorträge zum Thema »Japanische Typografie – zwischen Bild und Informationsträger« gehalten. Worin liegt das besondere der japanischen Sprache?

MT: Die japanische Schrift ist mit die komplexeste der Welt. Es gibt drei verschiedene Elemente, drei verschiedene Schriftsysteme, die miteinander funktionieren. Zählt man das lateinische Buchstabenalphabet dazu, sind es sogar vier Systeme. Zunächst haben die Japaner im 5. Jahrhundert die chinesische Schrift übernommen, aber da die japanische und chinesische Sprache gar nicht miteinander kompatibel waren, konnte man die Sprache nicht einfach auf die Schrift anpassen oder umgekehrt. Dadurch sind recht schnell zwei weitere Silbensysteme entstanden. Eine Schrift hat sich entwickelt, um akademische Texte mit einer Lautschrift zu versehen. Das sind die Katakanas, quasi eine Lautschrift um die komplexen Kanjis zu lesen und in das Japanische zu übersetzen. Zugleich sind die Hiraganas entstanden, eine gleichwertige Silbenschrift wie die Katakana. Man könnte sogar nur mit einer der beiden das japanische Sprachsystem darstellen. Mit den Hiragana wurden jedoch meistens das Schöngeistige wie Gedichte gefasst. Das ist eigentlich das Interessante an der japanischen Sprache, diese Entstehungsgeschichte, zugleich aber auch wie sie heute anders verwendet wird. Katakana werden heute verwendet, um fremdsprachliche Wörter im Japanischen zu kennzeichnen. Die Hiragana werden vor allem für die grammatikalischen Endungen oder Verbindungen benutzt. Andererseits, wenn man ein Kanji nicht weiß, schreibt man es in Hiragana. Die drei Systeme sind miteinander verwoben, man kann auf keines verzichten. Oft herrscht im Westen der Gedanke vor, dass die Kanjis, die chinesischen Zeichen, Idiogramme seien, aber das sind sie mittlerweile nicht mehr. Das System der japanischen Schrift beschreibe ich im Detail in meiner Doktorarbeit. Das chinesische ist auch sehr kompliziert, aber sie nutzen nur ein System. Zum Lesenlernen einer fremden Sprache ist fast das Japanische besser geeignet, weil die Silbenschriften einfacher zu erlernen sind als die Kanjis.

CF: Japanisch ist für den Laien oft eine ästhetisch sehr ansprechende Schrift. Welche Gestaltungsmöglichkeiten hält das japanische Schriftsystem für Designer bereit, wie gut kann man mit der Sprache spielen?

MT: Fremde Schriftsysteme wirken meistens auf einen schön und ästhetisch. In diesem Sommer habe ich an einem Schriftgestaltungsworkshop in England teilgenommen und dort viele indische Schriftbeispiele gesehen, die ich einfach nur als Form wahrnehmen konnte. Für mich sind dies schöne, abstrakte Zeichen. Es gibt allerdings auch Beispiele des eher grafischen Umgangs mit lateinischen Schriftzeichen, wie zum Beispiel in der konkreten Poesie. Mit Mitteln der Schrift wird der Text illustriert, indem Buchstaben so aneinandergereiht werden, dass sie ein Bild ergeben.

In einem Buch wurde konkrete Poesie mit der Arbeit eines japanischen Gestalters (Yamashiro Ryuichi, Wald-Hain, Poster, 1955) verglichen. Das ist relativ schwierig. Die einfachsten chinesischen Schriftzeichen stammen von Piktogrammen ab. Wenn man mit diesen etwas darstellt, trägt das Zeichen etwas Bildhaftes in sich. Derjenige, der das lesen kann, sieht auch das Bild darin. Das wiederum kann man nicht so einfach mit den lateinischen Buchstaben machen. Obwohl, vom Ursprung her geht es. Wenn man beispielsweise den Großbuchstaben »A« nimmt: Ursprünglich war es ein Ochsenkopf, drehen Sie den Großbuchstaben »A« einfach um 180° und mit ein bisschen Phantasie können Sie vielleicht noch die Route zurückverfolgen. Die einfachen piktografischen, chinesischen Zeichen, die von ihrer Zahl den kleinsten Anteil innerhalb der Zeichentabelle ausmachen, sind sehr viel näher an ihrem bildlichen Ursprung als die lateinischen Buchstaben. Wenn man diese Zeichen nimmt und etwas darstellt, kann man es, bei vorhandenen Sprachkenntnissen, als Wort »lesen« und zugleich als Bild »sehen«. Ein Schriftzeichen lässt sich zurück in ein Bild verwandeln, ohne zu illustrativ zu werden.

Es gab eine Arbeit eines japanischen Gestalters, der hat das Zeichen genommen und um 90° gegen den Uhrzeigersinn gedreht. Das Zeichen insgesamt bedeutet Mann, das obere Zeichen bedeutet Feld, das untere Kraft. Der

Gestalter hat dann daraus ein Plakat gemacht für ein Rugby-Spiel. Auch im Falle des Spiels wenden Männer auf einem Feld Kraft an. Er hat es einfach gedreht, wodurch es eine gewisse energetische Form erhält, Stärke und Kraft ausdrückt, es sieht so aus, als ob jemand nach vorne stürmen würde. Auf diese Art und Weise kann man relativ einfach die Schriftzeichen wieder zurück zu Bildern formen und im Kopf der Betrachter entsteht ebenfalls etwas Bildliches. Dies ist ein Unterschied in typografisch-gestalterischen Möglichkeiten zwischen den chinesischen Zeichen und den lateinischen Buchstaben.

CF: Vor ungefähr zwei Jahren haben Sie ein Buch gemacht »Eine Einladung zum Tee«. Was war das zentrale Thema und Anliegen des Projektes?

MT: Viele meiner Bücher sind dadurch entstanden, dass mich jemand etwas gefragt hat und ich dadurch inspiriert war, ein neues Buchprojekt anzufangen. Dieses Thema gehörte auch dazu. Ich wollte einmal darstellen, was für verschiedene Teesorten es gibt in Japan, wie man diese zubereiten kann und was dann das besondere an dem jeweiligen Tee ist. Normalerweise versteht man unter Grünem Tee nur ein Heißgetränk, das meistens bitter und nicht besonders schmackhaft ist. Ich habe viele Freundinnen, die dann Milch oder Zucker reingetan haben, um es genießbar zu machen. Der Grüne Tee bietet allerdings viel mehr Variationen. Auch Farbe und Geschmack haben viel mehr Nuancen. Jedem neuen Buch geht auch eine neue Recherche-Phase voran, in der ich mich inhaltlich mit einem neuen Thema beschäftige. Zum Grünen Tee habe ich ebenfalls sehr viel hinzugelernt. In dem Buch habe ich unter anderem gezeigt, wie man die verschiedenen Teesorten aufbrüht. Vorher habe ich das alles selber durchgeführt, um es anschließend grafisch darstellen zu können..

CF: Ihre Doktorarbeit haben Sie zum Thema »Die Begegnung Japans mit dem Westen« verfasst. Um was geht es?

MT: Im Wesentlichen geht es für mich darum, wie Japan und der Westen sich auf der visuellen Ebene begegnen. Es beginnt mit dem Japonismus Mitte des 19. Jahrhunderts, als Japan sich öffnet. Ich frage, wie Japan den Blick auf sich selbst entgegen nimmt und in ein eigenes Bild umwandelt. Die Arbeit setzt beim Japonismus an und schließt mit der zeitgenössischen japanischen Typografie. Zum Schluss betrachte ich dann die Typografie und untersuche, wie westliche Einflüsse in der japanischen Typografie zu sehen sind beziehungsweise ob das Japanbild im Westen in der japanischen Typografie wiederzufinden ist.

CF: Können Sie uns das an einem Beispiel erläutern?

MT: Es wird oft gesagt, dass Japan sehr viel vom Westen übernommen hat, sehr viel abgeguckt hat. Gerade in den 1970ern war das ein großes Thema. Es wurde an Japan stark kritisiert, dass es sich unwahrscheinlich schnell dem Westen angenähert hat und dabei den Westen kopiert hat und nichts oder wenig selbst entwickelt hat. In Japan wird das meistens anders beschrieben. Japanische Wissenschaftler benutzen dafür das Wort »refine« und meinen damit, dass Japan eine besondere Begabung dafür hat, Sachen aus anderen Ländern aufzunehmen und diese sich zu eigen zu machen. Was nach dieser Aneignung herauskommt, ist nicht mehr das, was es zu Beginn war. Eines der ältesten Beispiele dafür ist das von China übernommene Schriftsystem in Japan. Das ist das erste und wohl wichtigste Element, an dem man das »refine« erkennen kann. Anfangs waren die Systeme nicht kompatibel. Dass Japaner heute noch an dem chinesischen Schriftsystem festhalten, hat auch zu bedeuten, dass sie sich das Schriftsystem gut zu eigen machen konnten. Auch die japanische Sprache hat sich der Schrift angepasst.

Eine spätere allumfassende Bewegung des »refines« fand während der Meiji-Revolution statt, als sich Japan nach 250 Jahren selbstgewählter Isolation dem Westen öffnete. Eine vergleichbare Aufholjagd geschah nach dem Zweiten Weltkrieg.

In der Typografie lässt sich eine Form des »Refines« an dem Umgang mit der lateinischen Alphabetenschrift im japanischen Kontext erkennen. Teilweise ist es wie ein Bild des Westens, das sie verwenden. Wenn in Japan Aufschriften in der lateinischen Schrift gedruckt werden, ist es für Japan etwas Exotisches. Im Westen hält man den Kimono oder eben japanische Schriftzeichen für etwas Exotisches. Diese Exotik strahlt die lateinische Schrift kombiniert mit europäischen Texten aus. Es gibt zum Beispiel ein Unternehmen in Japan, das T-Shirts herstellt, die selber ihre Aufdrucke machen, die sehr grafisch sind, meistens mit typografischen Elementen. Es kommt unwahrscheinlich oft ein deutscher Text vor. Man sieht auch, dass der Gestalter sich mit dem Inhalt irgendwie auseinander gesetzt hat, meistens sind die Texte jedoch sehr zerstückelt, manchmal haben die überhaupt nichts mit der Gestaltung zu tun. Die lateinische Schrift hat für Japan immer noch etwas Exotisches, obwohl sie heute ein Element der japanischen Kommunikation ist.

CF: Noch einmal zurück nach Düsseldorf. Was bietet Düsseldorf für junge Designer, speziell für Typografieinteressierte und Buchliebhaber?

MT: Für mich war das vor allem Mergemeier. Auch als ich in Münster studierte, brachte ich meine Bücher weiterhin zum Binden zu Mergemeier.

MARIKO TAKAGI ERZÄHLT EINE LIEBESGESCHICHTE MIT LAUTEN DOKIN – MIT LAUTEN MALEN, ERSCHEINUNGSJAHR 2009.

DIE DIPLOMARBEIT ÜBER DIE KUNST DES JAPANPAPIERS VON MARIKO TAKAGI ERHIELT AUSZEICHNUNGEN DER FACHHOCHSCHULE MÜNSTER, DER STIFTUNG BUCHKUNST, DES TYPE DIRECTORS CLUB TOKYO, DEN RED DOT DESIGN AWARD UND DEN IF COMMUNICATION DESIGN AWARD.

»EINE EINLADUNG ZUM TEE« BRINGT DEM LESER DIE JAPANISCHE TEEKULTUR NÄHER, ERSCHEINUNGSJAHR 2010.

Ganz wichtig war für mich noch die Buchhandlung König, um mir dort auch Bücher anzuschauen. Dann natürlich auch der Stern-Verlag, der mich über den Buchmarkt auf dem Laufenden hielt. Auf der anderen Seite war es für mich immer ein Muss, nach Frankfurt zu fahren zur Buchmesse. Ansonsten finde ich Düsseldorf eher von dem wie es ist, inspirierend. Vor allem den Rhein. Nachdem ich jetzt nicht mehr in Düsseldorf bin, weiß ich das zu schätzen. Die Spaziergänge am Rhein haben mich doch sehr inspiriert.

CF: Ist die Designer-Szene im Hongkong größer?

MT: Gar nicht mal so sehr. Sie ist relativ geschlossen.

CF: Eine abschließende Frage: Über welche künftigen Projekte denken sie gerade nach?

MT: Ich bin gerade dabei ein Buch fertig zu machen. Es handelt von meinem Hund, den ich in Düsseldorf hatte und leider nicht mitnehmen konnte, da sie Epilepsie hat. Deswegen musste sie leider bei Freunden in Düsseldorf bleiben. Über diese Hündin Emma habe ich mit einer Freundin aus Düsseldorf ein Buch gemacht. Meine Freundin hat dazu die Illustration gemacht, ich habe die Texte geschrieben und das Layout gemacht. Dieses Buch soll bis Ende Dezember rauskommen. Es ist so gut wie abgeschlossen. Ansonsten arbeite ich gerade an einem Buch über meine ersten zwei Jahre in Hongkong.

CF: Vielen Dank für das Gespräch.

www.mikan.de
http://ava.hkbu.edu.hk/people/ms-mariko-takagi
www.formundzweck.de
www.graniph.com/en

ALLES SCHILDER!

DIE BUCHSTABEN-ZENTRALE IN DÜSSELDORF

Was mit einem bunten Sammelsurium von über einer Million Einzelbuchstaben und Zahlen begann, ist heute eines der führenden Fachgeschäfte Düsseldorfs für Schilder und Schriftzüge aller Art. Seit Jahrzehnten ist die Buchstaben-Zentrale Anlaufstelle für große und kleine Wünsche bei der Beschilderung und Beschriftung des Schaufensters, des Autos, des Klingelschildes oder was immer man mag.

— VON MAREIKE SCHÖN —

Buchstaben, Zahlen und Schriftzeichen sind überall präsent. Sie sind Mittel unserer täglichen Kommunikation, informieren, präsentieren und unterhalten. Sie begegnen uns wie selbstverständlich an jeder Ecke, manchmal grell und manchmal unscheinbar.

BLICK IN DAS LADENLOKAL DER BUCHSTABEN-ZENTRALE IN DER HERZOGSTRASSE 64.

Seit über 40 Jahren gibt es in der Düsseldorfer City die Buchstaben-Zentrale, die sich den Umgang mit Buchstaben zur Profession gemacht hat. Das kleine, bunte Geschäft, heute noch immer an der gleichen Stelle wie damals, bietet Beschriftungen und Schilder aller Art an. Das Spektrum umfasst Displays, Schaufenster, Wand- und Fußbodentatoos, Leuchtkästen, Werbeplanen, Stempel, Gravuren, Visitenkarten, Aufkleber und Profilbuchstaben. Von Normschildern bis hin zum ganz individuellen Design ist alles zu haben. Der Name, in den sechziger Jahren gar nicht so ungewöhnlich, heute jedoch fast schon skurril, ist nicht das einzig Außergewöhnliche, das die Buchstaben-Zentrale zu bieten hat. Ursprünglich ein Handelsgeschäft für einzelne Folienbuchstaben, Folienbeschriftungen und Gravuren für Schaufensterscheiben, Schilder, Platten und mehr, ist die Buchstaben-Zentrale heute ein Dienstleistungsunternehmen »irgendwo zwischen Büdchen und Werbeagentur«, wie es die Inhaberin Kristin Andrees treffend beschreibt.

Ein Buchstabenlabyrinth entsteht

Gegründet wurde das Geschäft von Dr. Johannes Nikold. Betrat man den Laden, fand man sich in einem wahren Labyrinth aus Regalen und Kästen wieder, gefüllt mit über einer Million auf Folie vorgefertigten Buchstaben und Zahlen verschiedenster Art, zwischen denen noch ein paar dunkle Gänge frei waren. In Kästen für die kleineren und Regalen für die großen Buchstaben, in Taschen und auf Tafeln wurden die unterschiedlichen Schriftmuster in allen Formen, Farben und Größen bereitgehalten, aus denen sich der Kunde dann seine Beschriftung entweder aus den Einzelbuchstaben selbst zusammenstellen oder aber sich den gewünschten Schriftzug vormontieren lassen konnte.

Rudimente der einstigen Buchstaben-Sammlung werden bis heute verkauft. Zwar ist der Umsatz verschwindend gering, aber eine Mischung aus Nostalgie und dem Wunsch, einen besonders breiten Service zu bieten, lässt das Team der Buchstaben-Zentrale diesen Teil des Geschäfts bewahren. Allerdings hat die digitale Drucktechnik die Folienbuchstaben mittlerweile abgelöst. Bereits seit zwanzig Jahren werden Schriftzüge digital gesetzt, gestaltet und geschnitten. Was heute wie selbstverständlich mühelos am Computer geschieht, wurde früher aufwendig wie ein Puzzle zusammengesetzt. Hatte man damals vielleicht zehn verschiedene Schriftmuster und Größen zur Auswahl, kann man heute zwischen hunderten wählen. Eine unglaubliche Vielfalt an Mustern, Bildern und Farben ist in kürzester Zeit realisierbar. Vor allem Glas- und Acrylglasschilder gehören jetzt zum Repertoire, zwar schnell und vielfältig zu gestalten, aber längst nicht mehr so robust und langlebig wie die Messing-Gravurschilder von damals.

Kristin Andrees beschreibt Dr. Nikold als ein »richtiges Original«, einen Mann von hoher Bildung, chaotisch, diffus, aber sehr liebenswert, mehr Menschenfreund als Geschäftsmann. Er kam nicht aus dem Druckhandwerk, sondern war ursprünglich Dr. der Geschichte und Philosophie, aber wohl auch ein begeisterter Tüftler und Bastler. Deshalb entwickelte er die damals sehr innovative Schlitzrohr-Technik, die heute überall für Plakataufsteller genutzt wird. Er führte eine Werkstatt und etablierte nebenbei den Handel mit den Buchstaben in dem Ladenlokal, in dem sich heute noch die Buchstaben-Zentrale befindet, und einem weiteren in Köln. Bis zu seinem 80. Lebensjahr arbeitete Dr. Nikold dort.

Als er sich 1984 zur Ruhe setzte, fand er einen Nachfolger in seinem begeisterten Stammkunden Udo Andrees, der Beschriftungen und Schilder für sein eigenes Geschäft stets in der Buchstaben-Zentrale fertigen ließ. Zur Übernahme bewegten ihn wohl die Sympathie für Dr. Nikold und der Wunsch, den Laden für sich und andere zu erhalten. Der Laden habe ihn begeistert und fasziniert, erzählt seine Tochter Kristin. Die Buchstaben-Zentrale wurde seine Leidenschaft und sein Hobby und er betrieb sie neben dem eigenen Geschäft.

Kristin Andrees wurde von ihrem Vater oft mitgenommen, wenn er die Buchstaben-Zentrale besuchte und kennt sie daher von Kindesbeinen an. Die studierte Grafik-Designerin begleitet die Buchstaben-Zentrale nun schon fast ihr gesamtes Leben. Nachdem sie lange Jahre im Geschäft ihres Vaters gearbeitet hatte, übernahm sie es 2006 vollständig. Da sie mit dem Klang des Namens groß geworden ist und da er ihr besonders gefiel, behielt sie ihn. Abgesehen davon ist jedoch kaum noch etwas so, wie es früher mal war. Sie baute das Geschäft

OBEN: SCHRIFTMUSTERTAFELN

LINKS: DER FAHRRADSTÄNDER VOR DEM GESCHÄFT.

organisatorisch, produktionstechnisch und auch optisch komplett um. Der kleine Laden in der Herzogstraße fällt mit dem großen gelb-weiß gestreiften Schild über dem Schaufenster sofort ins Auge. An der Straßenecke verkündet ein buntes Hinweisschild, dass hier Folienbuchstaben, Drucke, Stempel und Visitenkarten sofort zu haben sind und der Fahrradständer vor dem Geschäft deutet mit einem großen Pfeil und der Aufschrift »Alles Schilder!« auf den Eingang. Drinnen erwartet den Besucher ein buntes Sortiment an Schildern, die Wände sind voller Schriftmuster, Buchstaben und Ideen für die eigene Wandgestaltung. Grüne Fußabdrücke auf dem Boden führen den Blick zur ebenfalls bunt gestreiften Ladentheke, hinter der sich ein kleiner und prall mit Utensilien zur Schilder- und Beschriftungsherstellung gefüllter Arbeitsraum erstreckt.

An vorderster Front der Gestaltung – die Buchstaben-Zentrale heute

Als »Bunt und schön, lustig, aber auch anstrengend« und als »Kampf an vorderster Front der Gestaltung« beschreibt Kristin Andrees ihre Arbeit und das vielschichtige Kundenprogramm. Da sie und ihr Team ein Ladenlokal führen und keine Werkstatt, haben sie es mit den unterschiedlichsten Kunden, Wünschen, Vorstellungen und Vorkenntnissen zu tun. Der Kundenstamm umfasst sowohl Privatpersonen als auch Geschäftsleute, Unternehmer, Freiberufler und Ladeninhaber. Vom Zahnarzt an der Ecke über den Handwerker bis hin zum Szenelokal ist alles dabei. Mancher wünscht eine Beratung und Idee, mancher bringt den eigenen Entwurf auf einem Stückchen Zettel fertig mit, den es dann umzusetzen gilt. Die Kunst ist es dann, aus diesen Skizzen und Ideen ein gestalterisch wertvolles und individuell besonderes Schild zu machen, mit dem Kunde und Schöpfer zufrieden sind.

Oft sind es nur kleine Schilder, die das Team aus Bauzeichnern, Schriftenmalern und Mediengestaltern der Buchstaben-Zentrale gestaltet, aber manchmal ist auch etwas Wagemut gefragt. So zum Beispiel, wenn es um die Anbringung einer Außenbeschriftung an ungewöhnlichen Orten bei jedem Wind und Wetter geht. Auch Künstler greifen auf die Buchstaben-Zentrale zurück, nutzen Folienplots als Schablonen, bringen Schriftzüge auf Leinwänden auf, gestalten ihr Kunstwerk drum herum und Ähnliches. Diese Aufträge sind meist sehr individuell und bringen die Buchstaben-Zentrale schon mal an die Grenzen des Machbaren. Nicht nur die Beschriftung, auch das Kaschieren von Oberflächen mit Folie gehört zum Tätigkeitsspektrum der Buchstaben-Zentrale. So brachte eine riesige Acrylglasröhre für ein Ladenbauprojekt, die kaschiert werden sollte, das kleine Geschäft einmal an den Rand der eigenen Kapazitäten und sorgte dafür, dass die gesamte Einrichtung des Geschäfts umgeräumt werden musste, um Platz für die Glasröhre zu schaffen. So mancher Auftrag entpuppt sich im Nachhinein als Riesenprojekt, beginnt man erst einmal mit der Produktion, und viele Aufträge sind druckgrafisch völliges Neuland. Die Ideen und auch die Probleme kommen oft erst mit der Umsetzung. »Da muss man sich halt was einfallen lassen und dann muss es auch noch gut aussehen«, sagt Kristin Andrees. Das Schöne daran ist, dass es einem alle möglichen Seiten abfordert, findet sie.

Die Buchstaben-Zentrale produziert keine großen Leuchtreklamen, die man schon von Weitem sehen kann, sie produziert Hinweisschilder, Firmenschilder, Fahrzeugbeschriftungen und vieles mehr, was zwischen LED-Bildschirmen auf den ersten Blick nicht auffällt, aber dennoch überall in der Stadt präsent ist. Dabei ist die Kontinuität des Namens und des Standortes eine Seltenheit inmitten einer sich ständig verändernden und von starken Fluktuationen geprägten Stadt. Sie machen das spezielle Flair der Buchstaben-Zentrale aus und werden es wohl in den nächsten Jahren noch steigern.

GANZ OBEN: AUS EINER ANDEREN ZEIT: DIE RUDIMENTE DER EINSTIGEN BUCHSTABENSAMMLUNG DES DR. NIKOLD.

OBEN: BUNTE PROFILBUCHSTABEN ALS MUSTER UND DEKORATION.

HARALD NAEGELI

IN DÜSSELDORF

— **VON ROBERT KIESELBACH** —

Sie sind schlicht die Zeichnungen, die man in Düsseldorf – in Unterbilk, am Hafen, in Bilk oder an den Säulen der Autobahnbrücke vor dem Apollo-Theater direkt am Rhein – findet, so schlicht, dass sie einem oft erst auf den zweiten Blick ins Auge fallen. Sie passen nicht so recht zwischen die oft bunten Graffitis der jungen Düsseldorfer Sprayer, gehen fast unter zwischen diesen Farb- und Musterorgien, werden häufig übersprüht. Aber: Wenn der Blick erst einmal geschärft ist, erkennt man die aus wenigen schwarzen geraden Linien bestehenden Strichmännchen an zahlreichen Häuserwänden der Landeshauptstadt wieder.

DER SPRAYER VON ZÜRICH Harald Naegeli sprüht seit über 30 Jahren seine Figuren, er war einer der ersten Sprayer Europas. Einerseits saß er für seine Kunst im Gefängnis, andererseits stellt er sie in Galerien aus. Ein seltsamer Widerspruch. Genau wie der, dass in Zürich, seiner Heimatstadt, damit begonnen wird, seine Zeichnungen gegen äußere Einflüsse zu schützen und zu konservieren, während sie in Düsseldorf in der Öffentlichkeit bislang weitgehend unbeachtet geblieben sind.

Geboren wurde Harald Naegeli am 4. Dezember 1939 in Zürich als Sohn eines Psychiaters und einer norwegischen Künstlerin. Der Zweite Weltkrieg hatte gerade begonnen. Über seine Kindheit sagte er in einem Interview: »Ich bin im Krieg geboren und ich habe die Gewalt auf eine seltsame Weise immer wieder zeichnerisch bearbeitet. Im Alter von vier bis sechs Jahren habe ich nichts anderes als Kriegs- und Schlachtenbilder gemalt. Diese infantilen zeichnerischen Darstellungen waren eine Auseinandersetzung mit der Gewalt. Das waren Prozesse, während denen ich mit Genussfreude Menschen darstellte, die ohne Köpfe herumlagen, ohne mir bewusst zu sein, was das bedeutet.«

Nach seinem Studium der Psychologie begann er, sich wieder mithilfe zeichnerischer Mittel mit seiner Umwelt auseinander zu setzen und so auf seine Weise gegen Mief und Spießertum seiner unzerstörten Heimat zu protestieren. Naegeli zog seit 1977 nachts durch die Straßen und sprühte gegen das System, provozierte die braven Schweizer durch seine Aktionen und erreichte als anonymer »Sprayer von Zürich« schnell Berühmtheit.

Auf der Suche nach seiner beim Sprühen verlorenen Brille lief er geradewegs in die Arme der Polizei, mit seiner Verhandlung im Jahr 1981 sollte ein Exempel statuiert werden: Das Urteil lautete neun Monate Haft und eine hohe Geldstrafe.

AM RHEIN Durch die Flucht nach Deutschland entzog sich Naegeli seiner Strafe, er kam zunächst in Köln und dann in Düsseldorf beim Journalisten Hubert Maessen unter. Hier lernte er Joseph Beuys kennen.

Naegeli richtete sich in der Bundesrepublik ein, arbeitete, sprühte, hatte einen Lehrauftrag in Wiesbaden. Doch die Schweiz suchte ihren unartigen Sohn mit einem internationalen Haftbefehl, die deutsche Polizei leistete Amtshilfe und nahm den Künstler bei einem Grenzübertritt nach Dänemark in Puttgarden fest. Obwohl sich zahlreiche Intellektuelle und Künstler wie Joseph Beuys und sogar Willi Brandt für ihn einsetzten, wurde er an die Schweiz ausgeliefert. In einer spektakulären Aktion übertrat er, maskiert und von einem großen Tross Medien sowie von Klaus Staeck und Joseph Beuys begleitet, am 24. April 1984 die Grenze und trat seine Haftstrafe an.

SEITE 27: MANN MIT FISCH.

»Ich bin im Krieg geboren und ich habe die Gewalt auf eine seltsame Weise immer wieder zeichnerisch bearbeitet...«

AN DER OBERKASSELER BRÜCKE.
ZAHLREICHE NAEGELI FIGUREN FINDET
MAN IN BILK UND UNTERBILK. DIESE
FIGUR WURDE IM LINKSRHEINISCHEN
STADTTEIL OBERKASSEL GESPRÜHT.

Nach der Haft kam er zurück an den Rhein und machte da weiter, wo er aufgehört hatte. Immer wieder wurde er bei seinen nächtlichen Touren von Düsseldorfer Bürgern oder der Polizei erwischt, seine Spraydose wurde konfisziert, er wurde angezeigt und musste Geldstrafen zahlen. Trotzdem hörte er nie auf.

WAS IST DAS? »Das ist Kunst«, antwortete Naegeli einem aufgebrachten Anwohner, der ihn bei seinen »Schmierereien« erwischte – seine Art der Auseinandersetzung mit der Stadt, in der er seit fast dreißig Jahren lebt und arbeitet. Auch Beuys hatte eine hohe Meinung von dem Schweizer mit der Sprühdose: »Alles, was über Harald Naegeli, den Sprayer von Zürich, zu sagen und zu schreiben ist, basiert auf dem Zusammentreffen der 3 Elemente: er hat am richtigen Ort (1), zur richtigen Zeit (2), das Richtige getan (3). Das ist Kunst.«

Doch sind Naegelis Graffiti überhaupt typografisch zu verorten? Während es Tendenzen gibt, Text-Graffiti als ästhetisch-typografische Gestaltungselemente zu begreifen, bleibt die Situation für Bild-Graffitis unklar. Natürlich kann man trotzdem versuchen, seine Werke zu interpretieren. Ausgangspunkte dafür könnten die Ähnlichkeit zu schlichten Höhlenmalereien sein oder vielleicht auch ein semiotischer Ansatz, bei dem es darum geht, die berühmten Strichmännchen als Repräsentationen und Konstruktionen der eigenen Identität zu beschreiben.

Was man jedoch in jedem Fall sagen kann, ist, dass die Topografie, also das »Wo« eines jeden Graffitis, eine besondere Rolle spielt, was auch wissenschaftliche Untersuchungen belegen. So wird öffentlich sichtbaren, illegalen Graffiti die Fähigkeit zugesprochen, auf gesellschaftliche Diskurse, die im Umfeld des Sprühortes stattfinden, zu verweisen.

Klar ist: Naegelis Figuren brechen die Monotonie des Sichtbetons auf und geben der urbanen Umwelt eine Spannung zurück, die gerade in den schlichten Nachkriegswohngegenden fehlt. Sie blicken aus Ecken heraus, laufen um sie herum und geben schlichten Fassaden Tiefe.

FIGUREN AN DEN SÄULEN DER RHEINKNIEBRÜCKE VOR DEM APPOLLO VARIETÉ. FAST ALLE SÄULEN WAREN MIT FIGUREN BESPRÜHT. SIE WURDEN INZWISCHEN GRÖSSTENTEILS ÜBERMALT.

RECHTS OBEN: IN DER KOPERNIKUSSTRASSE IN BILK. DIESE FIGUR KORRESPONDIERT MIT EINER ANDEREN FIGUR AUF DER GEGENÜBERLIEGENDEN STRASSENSEITE.

ANGEKOMMEN Inzwischen werden auch in Düsseldorf seitens der Stadtverwaltung Naegelis Aktionen als konservierungswürdige Kunst akzeptiert, man »steht den Arbeiten von Harald Naegeli grundsätzlich positiv gegenüber«, wie es in einer Stellungnahme der Stadtverwaltung aus dem Jahr 2010 heißt. Daran, dass Naegeli im juristischen Sinne immer wieder Sachbeschädigung begangen hat, ändert dieses Umdenken nichts.

Daher bezieht er auch ausweichend Stellung zu den neuen Figuren: »Ich sprühe nicht mehr. Zu viele Nachahmer«, sagte er in einem Interview mit der wz.

Inzwischen zeichnet er viel auf Papier, seine »Urwolken«, die aus nichts als Strichen und Punkten bestehen und die Ästhetik seiner Graffitis aufgreifen.

Mit 72 Jahren ist er endgültig angekommen im etablierten Kunstbusiness. Bei einer Ausstellung in der Galerie Art Unit in der Leopoldstraße erhielt er für seine Zeichnungen zwischen 3000 und 7000 Euro. ——

DIE BILDER ZU DIESEM ARTIKEL ZEIGEN STRICHFIGUREN, ANONYM MIT SCHWARZER FARBE GESPRÜHT. SIE WURDEN VOM AUTOR IN DÜSSELDORF AUFGENOMMEN. TEILS SIND SIE INZWISCHEN VERSCHWUNDEN, ÜBERMALT, WEGGEWISCHT ODER VERÄNDERT.

IN DER BACHSTRASSE IN BILK, FRÜHJAHR 2012. INZWISCHEN IST DIE WAND VÖLLIG WEISS.

Von Heinrich Heine zum Düsseldorfer Raub- und Nachdruckarchiv

— VON SABRINA KIRSCHNER —

Schlendert man durch die Düsseldorfer Altstadt und fragt nach Raub- und Nachdrucken, so liegt die Reaktion irgendwo zwischen peinlich berührtem Lächeln und Achselzucken. Dass es sich bei Raubdrucken um unerlaubte Nachdrucke von urheberrechtlich geschützten Druckerzeugnissen handelt, bei denen die Identität des nachdruckenden Verlages verschleiert wird, ist nämlich den Wenigsten geläufig.

Auch über die lange Geschichte des Raubdrucks ist gemeinhin wenig bekannt. Im Mittelalter war es – sofern man denn das nötige Kleingeld besaß – problemlos möglich, Kopien von Büchern anfertigen zu lassen. Die Autoren waren nur in den wenigsten Fällen bekannt und verdienten daher nichts an der Verbreitung ihrer Werke. Durch den Buchdruck, von Gutenberg im 15. Jahrhundert erfunden, entstand eine neue Industrie. Die Verbreitung von Büchern wurde möglich, war allerdings verbunden mit hohen Kosten. Die ersten Raubdrucke dienten dazu, bereits veröffentlichte Werke zu einem günstigeren Preis anzubieten.

Heinrich Heine und das Nachdruckzeitalter

Auch in Düsseldorf gibt es Anknüpfungspunkte zu Raub- und Nachdrucken. Heinrich Heine[1] galt als einer der ersten Berufsschriftsteller, zählte aber zum sogenannten »Geistesproletariat«[2], da er stets auf Nebeneinkünfte angewiesen war.

HEINRICH HEINE HAT SEINEN PLATZ VOR DER DÜSSELDORFER ULB GEFUNDEN.

Heine lebte in einer Zeit, in der Zensur, Raub- und Nachdrucke sowie das Urheberrecht europaweit für Gesprächsstoff sorgten. Zensur und Repression seitens der Obrigkeit waren nicht erst seit den Karlsbader Beschlüssen ein Problem und standen Gesetzen gegenüber, die geistiges Eigentum nur unzureichend und zeitlich befristet schützten. Erschwerend kam hinzu, dass im Flickenstaat Deutschland keine einheitliche Gesetzgebung bestand und Verleger den Nachdruck nur in Ausnahmefällen verbieten lassen konnten. Die einsetzende Industrialisierung und die damit verbundene Kostensenkung ließen Nachdrucke immer erfolgreicher werden. Intellektuelle trugen später dazu bei, dass es zu kontroversen Diskussionen kam. Befürworter, wie der Freiherr von Knigge, vertraten die Meinung, dass Nachdrucke weniger privilegierten Menschen einen Zugang zu Bildung und Kultur ermöglichen. Gegner führten den Schaden an, den Nachdrucke bei Schriftstellern und Verlegern anrichteten.

Geistiges Eigentum wird mit Füßen getreten

Heine kommentiert das Dilemma des zeitgenössischen Schriftstellers in seiner »Lutezia« aus dem Jahr 1854: »Möge auch einmal für Deutschland die Stunde schlagen, wo das geistige Eigentum des Schriftstellers ebenso ernsthaft anerkannt werde wie das baumwollene Eigenthum des Nachtmützenfabrikanten. Dichter werden aber bey uns als Nachtigallen betrachtet, denen nur die Luft angehöre; sie sind rechtlos, wahrhaft vogelfrey!«[3]

Auch Heines Werke, zunächst vor allem seine Lyrik, später dann auch die »Loreley« (ohne die erste Strophe!) und politische Flugblätter, wurden ohne seine Erlaubnis und sein Wissen nachgedruckt. Im Falle der Flugblätter dürfte sich Heine, der als Repräsentant der kritischen und unterdrückten Literatur gegen die Zensur und für die Pressefreiheit sowie die materielle Sicherung der Schriftsteller kämpfte, wohl gefreut haben.

Dass Heine 1831 nach Paris ging, war nicht zuletzt seinen Ansichten und der gesetzlichen Situation bzw. Zensur geschuldet. Schließlich war Paris in der zweiten Hälfte des 19. Jahrhunderts für deutsche Emigranten »Hort für freiere Publizistik, für Druck und Nachdruck von in Deutschland verbotenen oder mit Verbot bedrohten Werken«[4]. Außerdem waren in Frankreich, infolge der Revolution, Autoren- und Verlagsrechte gesetzlich geregelt, sofern man zwei Exemplare seines in Frankreich veröffentlichten Werkes bei der zuständigen Behörde einreichte.

Mit getarntem Raubdruck gegen die Zensur

Etwas skurril mag es erscheinen, dass Heine selbst eine Publikation als Raubdruck tarnte, um die strengen deutschen Behörden zu täuschen. Hierbei handelte es sich um seine kritische Schrift »Französische Zustände« aus dem Jahr 1832, die in deutscher Sprache bei Hoffmann und Campe erschienen ist, aufgrund ihrer Preußenkritik jedoch der Zensur zum Opfer fiel. Heine lag allerdings eine unzensierte Ausgabe sehr am Herzen, weshalb er sie in Frankreich in deutscher Sprache im zwielichtigen Verlag des Neffen von Campe drucken ließ. In Deutschland hielt man diesen Druck – wie von Heine beabsichtigt – für einen Raubdruck, da die Angaben zu Verlag und Ort sehr verwirrend waren.

Später wurde Heine jedoch Opfer von Raubdrucken. Im April 1853 erschien seine Schrift »Le Dieux en exil« in Frankreich. Heine dachte schon vor der Publikation über eine deutsche Version nach, hatte aber Schwierigkeiten, diese in Deutschland veröffentlichen zu lassen. Als Heine sich schließlich – nicht einmal einen Monat später – mit Brockhaus über eine Publikation einig wurde, existierten in und um Berlin schon Raubübersetzungen. Heine selbst beschäftigte sich mit dieser Berliner Version und nahm sie zum Anlass, um über den Umgang mit solchen Raubübersetzungen zu reflektieren.

Politisch motivierte Raubdrucke kamen mit den 68ern

Nachdem es einige Zeit still um den Raubdruck geworden war, feierte er in der jungen Bundesrepublik der 1960er Jahre[5] sein Comeback. Politisch motivierte Studenten begannen, Raubdrucke von vor allem vergriffenen bzw. nicht zugänglichen geistesgeschichtlichen Werken zu drucken »und verliehen ihnen unter der Bezeichnung ›sozialisierte Drucke und proletarische Reprints‹ neues Leben – ohne dabei das geltende Copyright zu berücksichtigen«[6]. Die Auflagen waren klein, die Qualität der Offset-Drucke ließ bisweilen zu wünschen übrig, was die Studenten jedoch in Kauf nahmen, da es ihnen vor allem auf die Inhalte der Bücher ankam, die ihrer Meinung nach eine wichtige Rolle für den politischen Diskurs spielten.

Der Freiburger Jurist Dr. Albrecht Götz von Olenhusen, der sich beruflich mit Themen des Urheber-, Verlags-, Presse- und Medienrechts beschäftigt und gleichzei-

---

1 Vgl. hierzu: Christian Liedtke: Raub- und Nachdrucke bei Heinrich Heine. In: Irmtraud und Albrecht Götz von Olenhusen: Von Goethe zu Google. Geistiges Eigentum in drei Jahrhunderten. Düsseldorf: Düsseldorf University Press 2011, S. 83–94 sowie Julia Schäfer: Die Raubübersetzung von Heinrich Heines ›Götter im Exil‹. In: Götz von Olenhusen 2011, S. 95–106.

2 Vgl. hierzu: Irmtraud Götz von Olenhusen / Albrecht Götz von Olenhusen: Goethe: Geistiges Eigentum – von der Piratenflagge zum globalen Spinnennetz. In: Götz von Olenhusen 2011, S. 25.

3 Zitiert nach: Christian Liedtke: Raub- und Nachdrucke bei Heinrich Heine. In: Götz von Olenhusen 2011, S. 83.

4 Vgl. hierzu: Irmtraud Götz von Olenhusen / Albrecht Götz von Olenhusen: Goethe: Geistiges Eigentum – von der Piratenflagge zum globalen Spinnennetz. In: Götz von Olenhusen 2011, S. 25.

5 Vgl. hierzu: Martin Bogun: Produktion und Vertrieb der Raubdrucke der 68er Bewegung – Ein Überblick. In: Götz von Olenhusen 2011, S. 119–124.

6 Carmen Maria Thiel: Das Urheberrecht und die 68er-Bewegung: Quantitative und qualitative Untersuchungen zur Rezeption und Bedeutung der Raubdruckbewegung zwischen 1967 und 1973 in der BRD. Magisterarbeit / Leipzig 2007, S. 19.

7 Irmtraud und Albrecht Götz von Olenhusen: Von Goethe zu Google. Geistiges Eigentum in drei Jahrhunderten. Düsseldorf: Düsseldorf University Press 2011.

tig auch zu den profiliertesten Kennern der Raubdruckszene zählt, spricht in diesem Zusammenhang von der sogenannten »verlorenen Bibliothek«, Raubdrucken der Theoretiker der 1920er und 1930er Jahre sowie Publikationen des emigrierten Frankfurter Instituts für Sozialforschung, die nun wieder zugänglich gemacht wurden.

Durch die zunehmende Nachfrage an Texten seitens der 68er-Bewegung kam es zu einer Professionalisierung der Untergrundverlage, die vor allem linke Buchhandlungen in Universitätsstädten belieferten und zu einer gefährlichen Konkurrenz für den bürgerlichen Buchmarkt wurden. Dieser verurteilte die Raubdruckbewegung scharf, sah sie aber wiederum als Marktindikator und schickte sich an, günstigere Taschenbuchausgaben der benötigten Autoren auf den Markt zu bringen, sodass die Raubdruckbewegung schließlich immer mehr an Bedeutung verlor.

Von Goethe über Heine zu Google – eine Ausstellung in der Düsseldorfer ULB

Einen Bogen von Heine über die 68er zur heutigen Situation, die um Open Access, das Projekt Gutenberg und Google Books kreist, spannte die vom 16. November 2011 bis zum 8. Januar 2012 in der Düsseldorfer Universitäts- und Landesbibliothek gezeigte Ausstellung »Von Goethe zu Google – Geistiges Eigentum in drei Jahrhunderten«. Diese wurde vom Freiburger Juristen Dr. Albrecht Götz von Olenhusen gemeinsam mit seiner Frau Irmtraud, Inhaberin des Lehrstuhls für Neuere und Neueste Geschichte an der Heinrich-Heine-Universität, kuratiert und in Zusammenarbeit mit Studierenden in einem zweisemestrigen Projektseminar vorbereitet.

Schwerpunktmäßig befasste sich die Ausstellung, die durch eine gleichnamige Publikation[7] begleitet wurde, mit der Geschichte des Raub- und Nachdrucks vom 18. Jahrhundert bis ins heutige Zeitalter der digitalen Revolution und betonte dabei vor allem die rechtliche Komponente des geistigen Eigentums bzw. der Druckerzeugnisse. Dass die Ausstellung den Nerv der Zeit traf und nun auch in andere Städte, wie Marburg und Freiburg, wandert, lässt sich auch daran ablesen, dass die erste Auflage des Begleitbuchs schnell vergriffen war. Dies ist sicherlich auch dem öffentlichen Diskurs um Medienrevolution, Piratenpartei und Urheberrecht geschuldet, die gerade dadurch angefeuert wird, dass die Politiker diesen Themen viele Jahre lang kaum Beachtung schenkten.

Die Freiburger Raub- und Nachdrucksammlung kommt nach Düsseldorf

Die Idee zu dieser Ausstellung entstand im Umfeld einer Vorlesungsreihe der Düsseldorfer Professorin, die sich mit der Studentenbewegung befasste, unter anderem die sogenannten 68er behandelte und die Raubdruckbewegung streifte. Als die Götz von Olenhusens dann ein Konzept für ein interdisziplinäres Projektseminar zur Geschichte des geistigen Eigentums des 18.–20. Jahrhunderts planten, kam ihnen die Idee, die Raubdrucksammlung als exemplarisches Untersuchungsobjekt zu nutzen. Ein Kernstück der Ausstellung bildete deshalb die sogenannte »Freiburger Raub- und Nachdrucksammlung«, die sich mittlerweile in der Landeshauptstadt befindet, um so die wissenschaftliche Arbeit an einer neuen Publikation und die Planung der Wanderung der Ausstellung besser bewerkstelligen zu können.

Berufliche und private Interessen lassen sich gut vereinbaren

Entstanden ist das Raub- und Nachdruckarchiv, das eine einzigartige Sammlung darstellt, durch den Schnittpunkt verschiedener Interessen. Rechtsanwalt Dr. Albrecht Götz von Olenhusen interessierte sich schon früh für die Rechtsgeschichte und das Urheberrecht. Während seines breit angelegten Studiums hatte er allerdings auch die Möglichkeit, über den Tellerrand hinauszuschauen. So verwundert es nicht, dass er sich auch für die Inhalte der Bücher interessierte, die in der Raubdruckbewegung entstanden. Dazu zählen beispielsweise die Lieblingsstücke seiner Sammlung, wie die »Dialektik der Aufklärung« von Horkheimer und Adorno, gleichzeitig sein erster Raubdruck, sowie »Geschichte und Klassenbewusstsein« von Georg Lukács oder Wilhelm Reichs »Die Massenpsychologie des Faschismus«.

Götz von Olenhusen, der oft Künstler und Schriftsteller bei der Wahrnehmung ihrer rechtlichen Interessen vertritt, kam auch beruflich mit Raub- und Nachdrucken in Kontakt. Die Raubdrucke, als bewusste Verletzung ebensolcher Rechte, ließen den Freiburger Juristen damals auch über eine systematische Lösung des Problems nachdenken, so beispielsweise über eine Zwangslizensierung, wie sie heute in Frankreich praktiziert wird, was allerdings seitens des Börsenvereins des deutschen Buchhandels auf wenig Anklang stieß.

RAUBDRUCKEXPERTE ALBRECHT GÖTZ VON OLENHUSEN INMITTEN DES NUNMEHR DÜSSELDORFER ARCHIVS.

BEI DER AUSSTELLUNG IN DER ULB WAR KREATIVITÄT GEFRAGT – DIE BESUCHER KONNTEN SICH IHRE MEINUNG ZUM COPYRIGHT BILDEN UND ANSCHLIESSEND PER BIERDECKEL KUNDTUN.

Eine einzigartige Quellensammlung entsteht

Zwischenzeitlich brachten auch Freunde den Olenhusens neue Drucke mit, teils kaufte man auch mithilfe eines primitiven schreibmaschinengetippten Ausweises des »Verbandes des linken Buchhandels« Drucke für die Sammlung hinzu. Die Düsseldorfer Professorin erinnert sich daran, dass ihr Mann oft von Reisen kofferraumweise Bücher mitbrachte. Das systematische Sammeln endete allerdings um 1973, als es zur Zersplitterung der Studentenbewegung kam.

Einst als Dokumentation der Raubdruckbewegung gedacht, umfasst das Archiv heute nicht nur, wie Albrecht Götz von Olenhusen erklärt, »Schwarzdrucke aus dem roten Untergrund«, sondern auch Unterlagen, die die Bewegung dokumentieren. Dazu zählen, so der Jurist, Druckunterlagen, Materialien, Verlagsangebote, Strafakten und Korrespondenzen. Die umfassende Sammlung, die privat und ohne öffentliche Unterstützung entstanden ist, umfasst heute rund 4 000 Titel. Ab und zu kommen weitere Titel und Akten hinzu, wenn beispielsweise Zeitgenossen der Raubdruckbewegung oder alte Bekannte ihre Schätze abgeben.

Mittlerweile wird das Raubdruckarchiv auch oft als Quelle für wissenschaftliche Arbeiten genutzt. Dass die Sammlung in ihrer Vollständigkeit einzigartig ist, liegt auch daran, dass es von Raub- und Nachdrucken nicht – wie bei heutigen Publikationen üblich – Belegexemplare gibt, auf die man in der Nationalbibliothek zurückgreifen könnte. Zwar verfügt die DNB über einige wenige Raubdrucke, diese sind jedoch in den regulären Bestand integriert und lassen sich nur schwer finden. Derzeit arbeitet Götz von Olenhusen jedenfalls an der systematischen Erfassung all seiner Titel, die in das »Handbuch des Nach-, Raub- und subversiven Drucks« münden soll.

Zwischen Offset-Druck und kreativen Verlagsnamen

Was bei der Vielzahl der Drucke auffällt, ist die unterschiedliche typografische Gestaltung und Qualität. Während sich einige Nachdrucker darauf beschränkten, günstige Ausgaben und Broschüren in teils schlechter Qualität anzubieten, gab es auch andere, die ihr Handwerk verstanden und größeren Wert auf die Gestaltung legten.

Ein gelungenes Beispiel dafür, so der Freiburger Jurist, sei die sogenannte »Schwarze Reihe«, die beispielsweise mehr Wert auf qualitatives Papier legt und der der Raubdruckexperte den Anspruch eines Corporate Designs zuschreibt.

Es gab viele Raubdrucker, die Spaß an der Gestaltung hatten, und zum Teil äußerst eigene Kreationen schufen, die sich nicht nur in kreativen Verlagsnamen, wie z.B. »Zerschlagt das bürgerliche Copyright«, zeigten, schließlich nutzte man die Typografie auch, um sich vom bürgerlichen Buch abzugrenzen und bot ein »alternatives Design« als Unterscheidungsmerkmal. So gab es in den Siebziger Jahren eine deutschsprachige Trotzki-Reihe, die sich an der modernen russischen Typografie orientierte, aber auch Raubdrucke, deren Typografie geradezu identisch mit dem Original waren.

Aus typografischer Sicht ist sicherlich auch Arno Schmidts Werk »Zettel's Traum« interessant, das im Original auf Din A3 mehrspaltig mit Schreibmaschine getippt und durch Streichungen und handschriftliche Randbemerkungen angereichert ein beliebtes Objekt für die Nachdrucker war, die es dann gleich auch in einem handlicheren Format herausgaben.

Ebenfalls interessant, wenn auch nicht mehr aus der Hochzeit der studentischen Raubdrucker, dürften Plagiate der Asterix- und Schlumpfcomics aus den Achtziger Jahren sein. Politische Aktivisten setzten verschiedene Comicschnipsel zu neuen Comics mit politischer Intention zusammen, so u.a. bei »Asterix und das Atomkraftwerk«.

Düsseldorfer Schätze in Olenhusens Sammlung

In der Blütezeit der Studentenbewegung, so die Götz von Olenhusens, war »Düsseldorf sicherlich kein Eldorado des Raubdrucks« – trotzdem gibt es in der Sammlung einige Anknüpfungspunkte zur Landeshauptstadt. Da Albrecht Götz von Olenhusen seine Sammlung als eine Art Quellendokumentation betrachtet, sammelt er natürlich nicht nur Drucke aus der Zeit der Studentenbewegungen, sondern auch Exemplare, die die Geschichte des Raubdrucks dokumentieren und in das sogenannte »Raubdruckzeitalter« fallen.

Zur Sammlung, die vor kurzem in Düsseldorf ein neues Zuhause gefunden hat, zählen auch Drucke von Düsseldorfs bekanntestem Sohn: Heinrich Heine. Darunter befinden sich Ausgaben aus Rotterdam und den USA, die, so der Jurist, nach damaligem Recht in den Niederlanden und den USA allerdings nicht illegal waren.

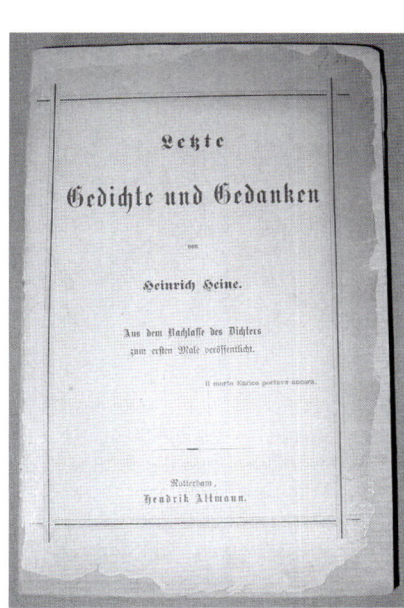

AUCH WERKE VON DÜSSELDORFS BEKANNTESTEM SOHN GEHÖREN ZUR EINZIGARTIGEN SAMMLUNG DER GÖTZ VON OLENHUSENS.

— VON ROBERT KIESELBACH
UND RENE LEHMANN

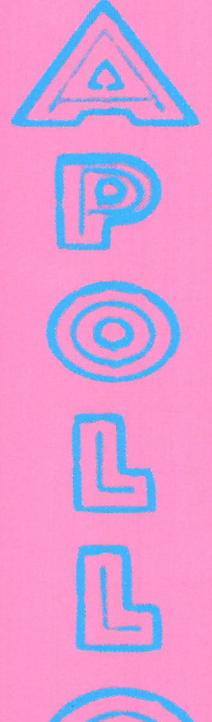

Bové
+Oeldemann

Moderne Technik trifft rheinische Tradition

Wir haben uns mit Holger Oeldemann zum Interview verabredet. Das Gebäude, in dem wir den Geschäftsführer des Familienunternehmens Bové + Oeldemann treffen, liegt in einem Industriegebiet in Ratingen und ist einigermaßen unauffällig. Es passt zunächst nicht so recht mit dem zusammen, was wir uns unter Leuchtwerbung vorgestellt haben. Sobald man jedoch den Besprechungsraum betritt, wird es farbenfroh: Eine bunte Mischung aus leuchtenden Buchstaben an der einen Wand vermittelt uns einen Eindruck vom Leistungsspektrum des Unternehmens, während Urkunden und Meisterbriefe an der gegenüberliegenden Wand auf die Erfolge und das Bewusstsein für Tradition verweisen, von denen die Geschäftstätigkeit von Bové + Oeldemann seit jeher geprägt ist.

Die Kunst der Leuchtwerbung

Die Firma Bové + Oeldemann lässt die Stadt Düsseldorf nun schon seit 1914 abends im Glanze ihres Lichts erstrahlen und kann somit auf eine fast 100-jährige Erfolgsgeschichte zurückblicken. So kennt zum Beispiel jeder, der einmal in Düsseldorf die Rheinpromenade entlanggegangen ist, den von Weitem sichtbaren Leuchtschriftzug des Apollo Varietés.

Wilhelm Oeldemann und sein Schwager Peter Bové legten den Grundstein für das Unternehmen, das sich seit nunmehr drei Generationen in Familienhand befindet. Den Grundstein für ihren Erfolg begründeten die beiden in der Ackerstraße in Flingern. Von der typografischen Gestaltung bis hin zur Produktion von Schildern für Außenwerbung bekamen die Kunden hier alles aus einer Hand. Werbung war vor der Verbreitung des Radios und des Fernsehers von Schrift geprägt. Der Firmenname aus leuchtenden Buchstaben oder aus vergoldeten Messinglettern über der Tür war damals noch mehr als heute die Visitenkarte eines Unternehmens. Die typografische Darstellung konnte so maßgeblich zum Erfolg oder Misserfolg eines Unternehmens beitragen.

1921 suchte das Duo nach größeren Räumlichkeiten und begann wenig später im Hof des Wohnhauses auf der Kreuzstraße 56–58 im Düsseldorfer Stadtzentrum mit der Produktion. Doch die wirtschaftlich stabilen »goldenen« 1920er Jahre endeten abrupt mit dem Börsencrash am 25. Oktober 1929. Die dann folgende Krise stärkte den Nationalsozialismus, läutete das Ende der Weimarer Republik ein und führte schließlich zum Zweiten Weltkrieg. Von dieser schweren Zeit blieb auch Bové + Oeldemann nicht verschont. Die Verwüstungen des Krieges trafen die Produktionsanlagen der Firma und zerstörten diese völlig.

Mut zum Neuanfang

Für viele Deutsche bedeutete die »Stunde Null« eine Abkehr von ihrem alten Leben. Was folgte, war ein Neuanfang, dem sich auch die beiden Unternehmer stellen mussten. Im Zuge der Währungsreform gelang es ihnen, die Produktionsstätten wieder aufzubauen. Nun trat die zweite Generation in das Familienunternehmen ein. Wilhelm Oeldemanns Sohn Georg-Hermann half nicht nur beim Wiederaufbau, sondern legte auch 1956 seine Meisterprüfung als Schilder- und Lichtreklamehersteller ab. Zur Zeit des Wirtschaftswunders beschäftigte die Firma rund 20 Mitarbeiter. Gute Kunden waren zu dieser Zeit die Düsseldorfer Brauhäuser, für die Bové + Oeldemann meist Neonschriften fertigte.

Werbung und Technik

Wilhelm Oeldemann starb 1962, woraufhin Peter Bové und Georg-Hermann Oeldemann das Geschäft in eine offene Handelsgesellschaft umwandelten. Von nun an führte Oeldemann junior das Unternehmen, während Bovés Aufgabe in erster Linie darin bestand, den Betrieb nach außen zu repräsentieren. Dazu engagierte er sich in zahlreichen alteingesessenen Vereinen wie Karnevals- und Schützengesellschaften. Georg-Hermann Oeldemann bewies als Chef der Firma ein gutes Gespür für das Wachstum des Unternehmens. Er baute es stetig aus, sodass 1973 ein weiterer Umzug notwendig wurde. Während die Produktion vom Düsseldorfer Stadtzentrum in ein Industriegebiet nach Ratingen verlegt wurde, verblieb ein

LÖWENSENF UND DAS APOLLO VARIETÉ SIND DÜSSELDORFER WAHRZEICHEN. FÜR EINEN LEUCHTENDEN AUFTRITT SORGT BOVÉ + OELDEMANN.

Büro weiterhin am alten Sitz. Am neuen Standort mit über 2 500 m² Nutzfläche konnte ohne Platzmangel und Raumnot produziert werden. Ein Jahr nach dem Umzug verstarb Peter Bové im Alter von 84 Jahren und Georg-Hermann Oeldemann übernahm fortan bis zum Jahr 2001 die Leitung des Unternehmens.

In diesen fast vier Jahrzehnten machte Bové + Oeldemann, wie die gesamte Werbebranche, tiefgreifende Veränderungen durch. Bereits 1979 wurde Computertechnik in die Produktion eingebunden. 1987 erwarb die Firma die ersten Computer, mit denen sie Schriften schneller verarbeiten und einfacher ausdrucken konnten. Zu Anfang konnten einzelne Schriften auf Datenträgern zu einem Kostenpunkt von je 700 DM erworben werden, schnell machte der technische Fortschritt es möglich, eine Vielzahl von Schriften für den Computer zu kaufen.

Die Technisierung im Handwerk veränderte insbesondere die typografischen Ansprüche der Werbebranche. Früher musste jede Schrift von Hand gezeichnet werden. Georg-Hermanns Sohn Holger Oeldemann, gelernter Werbetechniker, erklärt, dass dem Kunden damals zunächst oft handgefertigte Vorschläge unterbreitet wurden. Dazu wurde in einem aufwändigen Verfahren »das Haus skizziert, gemalt, die Schrift drauf skizziert«, denn nur so konnten die Kunden eine Vorstellung vom späteren Resultat gewinnen. Dafür war vor allem ein Gefühl für Proportionen und Perspektive vom Zeichner gefordert. Dieser zeitintensive Prozess war über lange Jahre hinweg ein fester Bestandteil der Arbeit eines Werbetechnikers. Typografisches Können allein reichte jedoch nicht aus. Auch handwerkliches Geschick war gefordert, wenn zum Beispiel Schriftzüge aus Messing gefertigt und im Anschluss vergoldet werden sollten. Die Neonröhren für die Leuchtschrift mussten handgeblasen und geformt werden.

Der Einsatz von Computertechnik, vor allem bei der Ausarbeitung der Schriften, verwandelte den traditionsreichen Handwerksbetrieb schließlich in eine moderne Produktionsstätte. Viele der ursprünglichen Arbeitsprozesse, wie das Erlernen der einzelnen Schriften, waren nun nicht mehr nötig. Der Fokus verlagerte sich immer mehr von der klassischen Schildermalerei hin zu Leuchttransparenten, Neonleuchtschriften und Folienschriften.

All diesen Veränderungen musste sich Georg-Hermann Oeldemann nicht alleine stellen. Seine beiden Söhne Detlef und Holger übernahmen schon früh Aufgaben in der Firma. Detlef beendete bereits 1987 seine kaufmännische Ausbildung, während Holger 1992 seine Meisterprüfung als Werbetechniker ablegte.

Handwerksreformen und LEDS

Mit dem Ausscheiden Georg-Hermann Oeldemanns im Jahr 2001 wandelte sich die Firma zu einer GmbH & Co. KG. Seither lenkt erneut eine Doppelspitze die Geschicke des Familienunternehmens. Holger Oeldemann übernahm die Leitung der Produktion, während Detlef Oeldemann die kaufmännische Führung anvertraut wurde. In der Folgezeit kamen neue Herausforderungen auf sie zu. Schon im Jahr 2003 fielen der Handwerksreform unter Wirtschaftsminister Wolfgang Clement auch Berufe wie Werbetechniker zum Opfer. Durch die neuen technischen Möglichkeiten, die Öffnung der Branche, die Unabhängigkeit von handwerklichen Lizenzen und den Wegfall der Meisterpflicht strebte über Nacht eine Vielzahl neuer Konkurrenten auf den Markt. Viele der neuen Mitbewerber verschwanden aber ebenso schnell wieder, wie sie aufgetaucht waren, da es den meisten an tiefgreifendem typografischem Verständnis fehlte. Dennoch war ihr Einfluss auf die Werbelandschaft deutlich zu spüren, da sie ihre Leistungen zu niedrigen Preisen anboten und dadurch auch die etablierte Konkurrenz unter Zugzwang brachten.

Auch die Abkehr von Neonröhren und die Verwendung von LED-Reklame war eine Entwicklung, die es frühzeitig zu erkennen galt. Vorteile der LED-Leuchten waren vor allem die Tatsache, dass sie mit geringerer Bautiefe verarbeitet werden konnten, und ihre immer längere Haltbarkeit.

Bisher hat Bové + Oeldemann diese Umbrüche gut überstanden und sich einen soliden Kundenstamm erhalten. Die Angebots- und Produktpalette umfasst heute die Herstellung von Schildern, Neonröhren, LED-Werbung und Folien, beispielsweise für PKW. Eine hauseigene Grafikabteilung hilft bei der visuellen Gestaltung und Umsetzung der Kundenwünsche. Auch die Kundenstruktur ist in den letzten 20 Jahren spürbar aufgebrochen. Neben namhaften Kunden wie dem Apollo Varieté und Löwensenf befinden sich auch viele Vertreter aus dem Einzelhandel oder dem handwerklichen Bereich im Kundenkreis, und neuerdings gesellen sich vermehrt Dienstleistungsketten wie Media Markt hinzu. Einen wachsenden Kundenbereich bilden Bürogemeinschaften, die ihre Räumlichkeiten mit Systemwänden aus Glas individuell aufteilen und gestalten möchten. Während die Kunden aus dem handwerklichen Bereich häufig eine umfassende Beratung und Betreuung in Anspruch nehmen, fällt dies bei großen Ketten weg. Diese bringen bereits ausgearbeitete Konzepte auf Basis ihrer Corporate Identity mit. Bové + Oeldemann stellt sich auf die unterschiedlichen Bedürfnisse ein.

Die vielfältigen Anforderungen der Werbeindustrie treten bei diesem alteingesessenen Düsseldorfer Unternehmen besonders deutlich hervor. Hier finden sich die Berufe des Glasbläsers, Grafikers, Designers und Konstrukteurs wieder. Dieses breite Spektrum an technischen und kreativen Berufen verdeutlicht die hohen Ansprüche innerhalb der Branche. Deswegen ist das 98-jährige Bestehen der Firma nicht nur eine Bestätigung der jahrzehntelang gewachsenen Akzeptanz bei den Kunden, sondern auch eine Bestätigung für das eigene Arbeitsniveau.

SCHILDERSKIZZEN »BIERSTÜBL« UND »DUNLOP REIFEN«.

DIE BRASSERIE HÜLSMANN AM BELSENPLATZ IN OBERKASSEL. EIN SCHILD VON BOVÉ + OELDEMANN WEIST DEN WEG.

Vom lauten Lesen
— VON ROBERT KIESELBACH —

Onomatopoesie

Lautmalerei, Lautnachahmung, Klangmalerei, Onomatopöie

1) Versuch sprachlicher Wiedergabe nicht sprachlicher akustischer Eindrücke (z.B. von Tierlauten: »kikeriki« für den Hahnenschrei);

2) Versuch der Nachahmung optischer Eindrücke mit lautlichen Mitteln (z.B. »blitzen«, »flimmern«, Lautsymbolik);

3) Versuch sprachlicher Wiedergabe von Vorstellungen, Gefühlen und Ähnlichem, besonders in der Dichtung (Lautstilistik, onomatopoetische Dichtung).

(Brockhaus)

Das gesprochene, nicht das gedruckte Wort war lange Zeit die Grundlage der Arbeit des Düsseldorfer onomato Verlages, der 1998 als Hörbuch Verlag entstand und inzwischen neben Büchern zum Hören auch Bücher zum Lesen anbietet. Gründer Axel Grube ist auch heute noch als Verlagsleiter aktiv.

Wort und Ton

Axel Grube hatte nach einem abgebrochenen Philosophiestudium im Umfeld des Ratinger Hofs Musik gemacht, mit dem New Wave-Duo Mutterfunk eine Platte herausgebracht und war später mit Keit musikalisch aktiv. Trotzdem wollte er »was Eigenes machen«, als die Punk- und New Wave-Welle abebbte.

Nach verschiedenen Jobs als Tontechniker arbeitete er als Sprecher für das Fernsehen und in der Werbung. Zunächst sollten diese Tätigkeiten den finanziellen Spielraum für weitere Musikprojekte ermöglichen. Doch schon bald folgten selbstbesprochene Märchen-CDs für die Kinder seiner Schwester in Brasilien und, angeregt durch einen Freund, 1998 ein eigener Stand auf der Wortkomm: »Außer uns waren damals nur fünf

Der onomato Verlag

REINER STACH UND AXEL GRUBE.

andere Anbieter von Hörbüchern dabei, der größte war der WDR.« Das Programm des Düsseldorfer Verlages war zum damaligen Zeitpunkt noch überschaubar: drei Märchenbücher, Kafka, Nietzsche und Dostojewski. Der Schritt in die Öffentlichkeit machte Lust aufs Weitermachen, sodass Grube begann, sein Engagement zu intensivieren.

Gemeinsam

1999 – also ein Jahr nach der Gründung des Verlages – wurde auch der onomato Künstlerverein ins Leben gerufen. Axel Grube traf sich mit neugierigen Künstlern, wie Katharina Mayer und Joachim Rüsenberg, zum interdisziplinären Gedankenaustausch. Später gründeten sie mit Unterstützung des Düsseldorfer Kulturamtes das sogenannte Künstlervideo- und Klangarchiv. In der Folgezeit wurden innovative Veranstaltungskonzepte geschaffen, bei denen der Austausch zwischen Künstlern und Publikum eine wichtige Rolle spielte.

Hören

Zum Hörbuch-Programm des onomato Verlages gehören beispielsweise umfangreiche Hörbuchausgaben der Grimmschen Märchen oder Philosophisches von Hans Jonas und Hannah Arendt. Schon bei seiner Gründung hatte sich der Verlag dem »Aufspüren übergreifender geistiger Zusammenhänge aus den Themenumfeldern von Gedanken- und Glaubenswelten« verschrieben. Daraus resultierten auch die verschiedenen Interessensgebiete, die sich in seinem Programm widerspiegeln. Schwerpunkte bildeten schon immer Kunst, Literatur und Philosophie.

Gegenwärtig liegt – unter anderem mit der Hörbuchreihe von Reiner Stach – der Schwerpunkt der Verlagsarbeit auf Publikationen zu Franz Kafka und seinem geistigen Umfeld.

Der Gründer Axel Grube sieht die Produktion der Hörbücher als Möglichkeit, Literatur durch das Sprechen neu zu begreifen: »Franz Kafka ist ein Beispiel. Beim lauten Lesen erkennt man seinen Humor. Kafka ist nicht so düster wie viele glauben«, und so kommt es vor, dass er beim Vorlesen von Kafkas Texten manchmal laut auflachen muss.

Einen weiteren Vorteil seines Schaffens sieht der Verlagsgründer in der Verbindung seiner Interessen, so kann er die Musik als wesentlichen Bestandteil seines Schaffens in die Hörbücher einbringen. Kurze musikalische Sequenzen dienen als Zwischenspiel, um dem Hörer zu ermöglichen, innezuhalten und Kraft zu schöpfen. Interessant ist auch die kreativ-liebevolle Gestaltung der Hörbücher. Es gibt sie in drei Ausführungen, wobei die Audio-Inhalte jeweils identisch sind: als Teil der bibliophilen Hörbuch-Edition in der handgefertigten und aufwendig

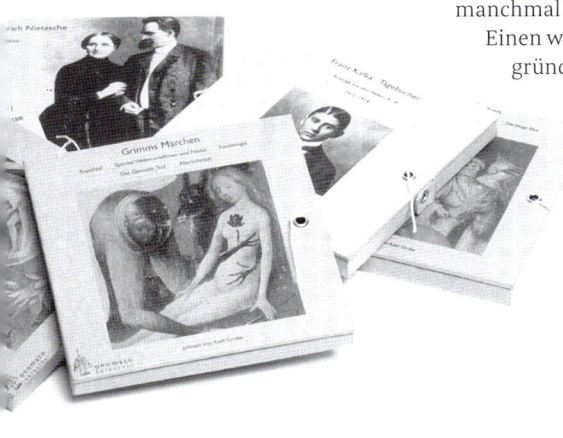

ONOMATO INNENANSICHT.

verarbeiteten, mit Samt kaschierten Schmuckbox; der einfacheren und günstigeren Ausführung als Hörheft und als minimalistischer Online-Download.

Sehen

Neben den Hörbüchern gibt der Verlag inzwischen auch gedruckte Bücher heraus. Für Mai 2013 wird zum Beispiel die Biografie von Dora Diamant, der Lebensgefährtin Kafkas, als Übersetzung aus dem Amerikanischen erwartet.

Weiterhin gehört zum onomato-Programm die Lyrik-Edition »Schwarzes Quadrat«, die in ebenso kunstvollen und in der hauseigenen Buchbinderwerkstatt gefertigten Verpackungen daherkommt und durch Audio-CDs mit Lesungen der Autoren ergänzt wird. Neuerdings gibt es mit zwei Titeln von Rainer Rabowski auch erste E-Books im Programm des Düsseldorfer Verlages.

Aus typografischer Sicht interessant ist vor allem die radix kunstbuch-Reihe, die von Katharina Mayer ins Leben gerufen wurde. Für Mayer sind die Bücher »Kunst in Form eines Buches«, sie verweist auf das Zusammenwirken von Text und Bild sowie Sprache und Gestalt: »Mich interessieren am Künstlerbuch die Synergien, die sich ergeben, nicht nur zwischen Text und Bild, sondern auch zwischen Sprache und Gestalt. Im Kern der Reihe steht der Künstlergedanke in Form von Text und Bild im Verhältnis zueinander als Credo im Zusammenhang mit dem Biografischen.« —— (Zitat onomato-Homepage)

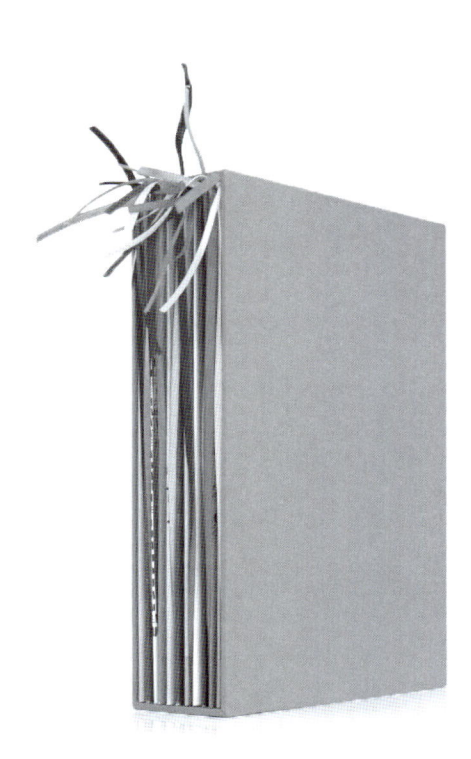

DONE-Magazin, made by Johannes Henseler: Kreatives Potential in Düsseldorf

mikroMAKRO
—6 Hefte zur Typografie

Wenn man die typografischen Besonderheiten einer Stadt erfassen möchte, reicht es nicht aus, Orte, Geschäfte und Buchprojekte Düsseldorfs zu beschreiben. Vielmehr muss auch das kreative Potential einer Stadt erfasst werden. Ein Ort an dem dieses Potential generiert und gefördert wird, ist die Fachhochschule Düsseldorf. Im Studiengang für Kommunikationsdesign bekommen die Studierenden ein feines Gespür für Formen, Farben, Texte und Bildelemente. Johannes Henseler (einer der vier Herausgeber des Buches Schrift und Identität, siehe Seite 46) gehört seit 2011 zu den Absolventen des Studiengangs und präsentierte im Rahmen seiner Bachelorarbeit mit dem »DONE«-Magazin ein überaus interessantes Projekt.

— VON RENE LEHMANN

—Abschlussarbeiten fürs iPad

Henseler durchlief eine dreijährige Ausbildung zum Mediengestalter für Digital- und Printmedien, bevor er 2009 an die Fachhochschule Düsseldorf kam. Als er sich drei Jahre später mit der Frage auseinandersetzen musste, in welcher Form er seine Abschlussarbeit verfassen möchte, entschied er sich für ein digitales Konzept. Sein Interesse lag im Bereich der Online-Magazine für Tablets und Smartphones. Der Student digitalisierte alle seine Arbeiten, ordnete sie chronologisch an und fügte einige Erklärungstexte hinzu.

—Interagieren statt konsumieren

Für jede einzelne Arbeit überlegte sich Henseler eigene Funktionen und Designelemente, die den Inhalt unterstützen sollten. Zu Beginn ist das komplette Layout des Magazins an die jeweiligen Typografie-Arbeiten aus dem ersten Semester angelehnt. Bei seiner Arbeit über Spuren im Raum muss der Leser erst mehrfach mit den Händen über den Bildschirm gleiten, bevor die Überschrift sichtbar und lesbar wird. In dem Analyseplakat über Radiospots kann der Leser die einzelnen Spots per Klick ergänzend anhören.

Später im Magazin stellt der Designer ein Projekt vor, für das er ein Siebdruckverfahren verwendete. Hier kann der Leser die einzelnen Linien selber verschieben und so einzelne Arbeitsschritte nachverfolgen oder gar abändern. Henseler geht es nicht darum, den einzigartigen Wert seiner Arbeiten mit Hilfe von Grafiken, Maloberflächen und technischer Spielereien zu verdeutlichen. Ziel ist es, mithilfe dieser Möglichkeiten der Tablets eine gezielte Interaktion mit dem Inhalt zu schaffen. An einigen Stellen liefert diese Interaktion erklärende Informationen, verdeutlicht das Konzept und an anderen Stellen darf der Leser die einzelnen Arbeitsschritte sogar nachempfinden. Die Grundidee sei, dass man die Arbeiten von Henseler als Basis nutzt, um etwas Eigenes für sich zu entwickeln, beschreibt die Kommilitonin Ilona Pfeifer. Der Leser wird vom passiven Konsumenten zum aktiven Mitgestalter.

VON LINKS NACH RECHTS:

IM ERSTEN SEMESTER ALS KOMMUNIKATIONSDESIGNSTUDENT FERTIGTE JOHANNES HENSELER SECHS ARBEITEN ÜBER TYPOGRAFIE AN.

BEI DIESEM PLAKAT ÜBER RADIOWERBUNGEN KANN DER INTERAKTIVE LESER AUF WUNSCH DIE DAZUGEHÖRIGEN SPOTS ANHÖREN. DAZU MUSS ER NUR AUF DIE PLAY ICONS DRÜCKEN.

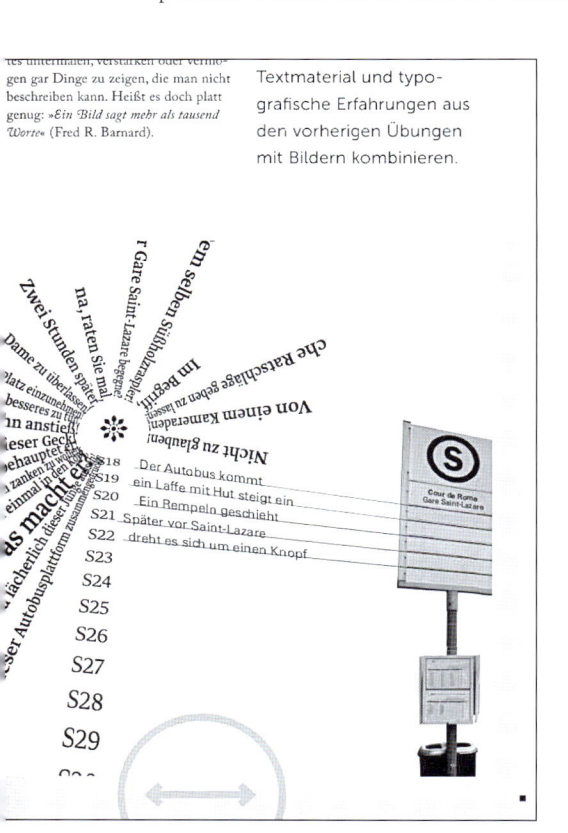

»DIE SUCHE NACH DEM VERSCHWINDEMOMENT.« WÄHREND SEINES STUDIUMS GING JOHANNES HENSELER DER FRAGE NACH DEM VERSCHWINDEN DER KASSETTE AUF DEN GRUND.

SO PRÄSENTIERT SICH DAS TITELBILD IM IPAD-MAGAZIN, NACHDEM DER LESER DIE SPUREN ERFOLGREICH AUFGEDECKT HAT.

COVER DES PREISGEKRÖNTEN IPAD-MAGAZINS, BASIEREND AUF DER BACHELORARBEIT JOHANNES HENSELERS.

—Kleine Gleichgewichtsprobleme

In seinem persönlichen Resümee erklärt Henseler, dass die Interaktion gut funktioniere, denn alle »klicken und ziehen nur rum. Ich habe bei jedem Artikel irgendwas abgefeuert.« Dass die Leser sich dabei noch vertiefend mit dem Inhalt auseinandersetzen, glaube er nicht wirklich. Hier gilt es, ein Gleichgewicht zwischen Inhalt und Interaktion zu schaffen, ohne den Leser zu sehr von seiner traditionellen Rolle zu entfremden. Trotz dieser Gleichgewichtsprobleme ist das Projekt bisher als voller Erfolg zu werten.

—Henseler und die große Leinwand

Als am Abend des 21. Oktober 2011 nur noch »DONE Magazin, made by Johannes Henseler« auf einer großen Leinwand in Los Angeles zu sehen war, erhielt der junge Designer eine deutliche Bestätigung für seine Leistung. Er gewann den MAX Award von Adobe in der Kategorie Digital Publishing. Dabei setzte er sich gegen starke Konkurrenten wie die Firmen Martha Stewart und Moonbot Studios durch. Wer nun Interesse an dem preisgekrönten Projekt gewonnen hat, der kann sich einen groben Überblick auf www.donemag.cc verschaffen oder das Magazin mit allen Zusatzfunktionen kostenlos im App-Store runterladen.

—Digital oder Print

Henseler, der sowohl in seiner Ausbildung als auch während des Studiums im Bereich Printmedien unterwiesen worden ist, betrachtet das digitale Design als Zukunft. Es sei aufregender, biete deutlich mehr Unabhängigkeit, schnellere Werbung und verursache kaum Produktionskosten. Obwohl das DONE Magazin ein Online-Projekt ohne festen Heimathafen ist, bleibt es durch seine Entstehungsgeschichte an der Fachhochschule Düsseldorf ein Bestandteil der typografischen Stadtgeschichte.

— VON RENE LEHMANN —

Unterwegs auf fremden Straßen – »Schrift und Identität«

SCHRIFT UND IDENTITÄT
DIE GESTALTUNG VON BESCHILDERUNGEN IM ÖFFENTLICHEN VERKEHR
NIGGLI

DON'T EVEN THINK OF PARKING HERE

LINKS: WAS HIER NACH BASKETBALLKORB AUSSIEHT, IST IN WIRKLICHKEIT EIN FRANZÖSISCHES MAUTSTELLENSCHILD.

AMERIKANISCHES PARKVERBOTSSCHILD AUF DEM COVER DES BUCHES SCHRIFT UND IDENTITÄT.

DIESE AUSWAHL VERSCHIEDENER NATIONALER TEMPOSCHILDER VERDEUTLICHT DIE KLEINEN UNTERSCHIEDE IN DER GRAFISCHEN AUSGESTALTUNG.

Das Verreisen mit dem Auto gehört zu den Erfahrungen, die nahezu jeder Europäer einmal macht. Das Befahren ausländischer Straßen mit anderen Geschwindigkeitsbegrenzungen und Regelungen ist zwar ungewohnt, stellt aber nach kurzer Eingewöhnungszeit kein großes Problem dar. Die zahlreichen Verkehrsschilder helfen, die fremdartigen Regelungen in kürzester Zeit zu verinnerlichen. Der Betrachtung der Verkehrsschilder folgt oft ein eigenartiger Déjà-vu-Effekt. Einerseits erkennt man sofort, dass es sich um ein Tempo-30-Schild handelt, andererseits wirken die nationalen Unterschiede doch ungewohnt. Dabei werden die Unterschiede von den meisten Verkehrsteilnehmern nur unterbewusst wahrgenommen. Eine Gruppe von Designstudenten der FH Düsseldorf hat sie genauer untersucht. Das Ergebnis ist die 300 Seiten umfassende Publikation »Schrift und Identität – Die Gestaltung von Beschilderungen im öffentlichen Verkehr« (ISBN 978-3-7212-0820-7), die im September 2012 im Niggli-Verlag erschienen ist.

VOM NEUN-METER-PLAKAT ZUM 300-SEITEN-BUCH

Den Grundstein für das Projekt legte Professor Andreas Uebele, der in Stuttgart Architektur, Städtebau und später Freie Grafik studiert und 1996 dort sein Büro für visuelle Kommunikation gegründet hat. Innerhalb der letzten Jahre gewann das Büro über 280 nationale und internationale Auszeichnungen, darunter den »grand prix 2003« von red dot communication design, einer der renommiertesten europäischen Designpreise, und den Designpreis der Bundesrepublik Deutschland in Gold (2009), der bedeutendste deutsche Preis in diesem Bereich. Uebele ist Mitglied im type directors club new york und art directors club new york (2002), 2007 trat er der alliance graphique internationale (agi) bei und ist seit 2009 Mitglied im Berufsverband der deutschen Kommunikationsdesigner. Seit 1998 hat Uebele eine Professur für visuelle Kommunikation an der FH Düsseldorf inne.

Als er im Jahr 2009 eine Einstiegsvorlesung zu weltweiten Schriften an der Fachhochschule hielt, nahmen rund 20 Kommunikationsdesign-Studenten daran teil. Der erfahrene Fachmann stellte den jungen Designern die Frage, ob es Schriften mit einem spezifischen Nationalcharakter gebe und legte den Fokus auf die Verkehrsbeschilderungen der Länder. Zu Beginn war völlig unklar, welche Formen das Projekt annehmen würde. Mit offenen Rechercheaufträgen machten sich die zahlreichen Studenten an die Arbeit und trugen Informations- und Bildmaterial zusammen. Zum Ende des Semesters war ein neun Meter großes Plakat als vorläufiges Ergebnis entstanden.

Schnell wurde allen Beteiligten klar, dass sie hier viele Informationen auf eine einzigartige Weise zusammengetragen hatten. Aus diesem Grund führte man die Lehrveranstaltung im zweiten Semester fort, in dem noch zehn Studenten das Projekt begleiteten. Sie mussten sich zunächst die Frage stellen, wie die Ergebnisse aufbereitet werden sollen. Schließlich fiel die Entscheidung, ein Buch über die unterschiedlichen Verkehrsbeschilderungen zu veröffentlichen.

Die Umwandlung des Neun-Meter-Plakats in ein Buch brachte einiges an Arbeit mit sich. Alle Informationen mussten nochmals überprüft und belegbar gemacht werden. Studenten, die erst im zweiten Semester zum Projekt stießen, mussten zusätzlich eingearbeitet werden. Die Koordination einer zehnköpfigen Gruppe stellte eine große Herausforderung dar, und als die Veranstaltung ins dritte Semester ging, blieb nur noch ein vierköpfiges Team (Christian Fischer, Johannes Henseler, Ilona Pfeifer und Philipp Schäfer) übrig. Der Vierer-Kern löste das Buchprojekt nach dem dritten Semester aus der FH heraus und arbeitete noch ein weiteres Jahr neben Studium und Beruf an der Publikation. Zu Beginn hatten die Vier noch die Idee von einem reinen Bilderbuch. Nach Rücksprache mit Designern, Freunden und Verlag bewahrheitete sich jedoch die Befürchtung, dass das Thema nur mit ausreichenden Erklärungstexten verstanden werden kann. Deswegen änderten die Studenten Anfang 2012 ein letztes Mal das Konzept und wandelten das Bilderbuch zum Sachbuch um.

»ES GIBT EINFACH ENORM VIEL SCHEISS.«

Zum größten Problem der Kommunikationsdesigner wurde das Überprüfen der einzelnen Informationen. Denn jedes Land verfügt über eigene feste Richtlinien und Konzepte im Bereich der Verkehrsbeschilderung. Das Auffinden der richtigen Vorschrift zu den Schilderrichtlinien provozierte im Vorfeld einige Frustmomente. Doch diese Verordnungen mussten unbedingt eingesehen werden, da die einzelnen Straßenbaumeistereien sich nicht hundertprozentig an die staatlichen Vorgaben halten. Auch wenn die individuellen Unterschiede von den meisten Verkehrsteilnehmern nicht wahrgenommen werden, so sind sie für eine detaillierte Analyse problematisch. Johannes Henseler fasst das Spannungsverhältnis zwischen staatlichen Vorgaben und realer Umsetzung kurz und knapp zusammen: »Es gibt einfach enorm viel Scheiß.« Dennoch

VON LINKS OBEN NACH RECHTS UNTEN:

ZUSAMMENSTELLUNG EINIGER SCHIL-
DER DES DÜSSELDORFER FLUGHAFENS.

DIESES HINWEISSCHILD DER BRITI-
SCHEN TUBE SOLL DIE ZAHLREICHEN
BESUCHER DARAN ERINNERN, NICHT
IN DIE FALSCHEN ZÜGE EINZUSTEIGEN.

KANADISCHES HINWEISSCHILD FÜR
LASTWAGEN VOR STEILHÄNGEN.

SPEZIALITÄT DER ISLÄNDER SIND
VERKEHRSSCHILDER ÜBER DIE GEO-
GRAFISCHEN BESONDERHEITEN DES
LANDES, WIE FLÜSSE OHNE BRÜCKEN
ODER DIESES HINWEISSCHILD FÜR
SICHTVERSPERRENDE HÜGEL.

WIR DANKEN DEM NIGGLI VERLAG FÜR
SEIN FREUNDLICHES ENTGEGENKOM-
MEN UND DIE FREIGABE DER RECHTE.

gelang es den Studenten im Laufe der Zeit, die benötigten Informationen zusammenzutragen.

Wichtigste Untersuchungsmerkmale bei den Schildern waren Schrift, Form, Farbe und Piktogramm. Noch bevor die ersten Recherchen begannen, grenzte Andreas Uebele die Suche auf lateinische Schriftzeichen ein. Im Buch sind 23 Länder vertreten, jedes davon mit einem Einführungstext, der über die nationalen Besonderheiten und die Geschichte der Landesbeschilderungen aufklärt. Zuvor gibt es noch ein Einführungskapitel mit erklärenden Texten. Am Ende entstand keine ausgewachsene Querschnittanalyse, sondern 23 unterschiedlich stark ausgeprägte Detailbetrachtungen der einzelnen Länder, verdeutlicht durch viele Seiten mit Anschauungsmaterial.

Von autoritären Amerikanern und ästhetischen Briten

Im Laufe ihres Projekts stellte die Gruppe fest, dass man von der Verkehrsschrift nicht unbedingt den Rückschluss auf das jeweilige Land ziehen kann. Insgesamt gibt es fünf bis zehn größere Verkehrsschriften und einige Länder verwenden ähnliche oder sogar gleiche Konzepte. Dennoch gibt es immer wieder einzelne Staaten, die mit ihren eigenen Ideen hervorstechen oder ausgeprägte nationale Besonderheiten aufweisen.

Die Amerikaner verwenden kaum Piktogramme und schreiben nahezu alles in autoritärer Sprache aus. Als Musterbeispiel ist der Text des Parkverbotsschildes »DON'T EVEN THINK OF PARKING HERE« zu nennen, der auch das Cover des Buches ziert. Immer wieder stechen einzelne Schilder besonders hervor. Ein Basketballkorb, auf den drei Kreise mit Euro-Zeichen zufliegen, illustriert bei den Franzosen eine Mautstelle. Als negativ empfanden die vier die italienischen Beschilderungen, da hier ungenau gearbeitet wird und auch ästhetische wie funktionale Mängel vorherrschen. Gegenbeispiel für ein sehr umfangreiches und visuell ansprechendes Konzept liefern die Briten: Ihr Drei-Farben-Muster gehört zu den beliebtesten Schildersystemen der Jungdesigner. Diese Vielfalt an Ergebnissen macht die Publikation zu einem anschaulichen Werk, in das Interessierte unbedingt einen Blick werfen sollten. —

»S/ash«

Gegensätze ziehen sich an ...

— VON RENE LEHMANN UND ROXANNE PAPENBERG

+++ »SLASH SCHRIFT« TYPOGRAFISCHE KONTINUITÄT ERHÄLT DIE SLASH VOR ALLEM DURCH DEN EIGENS ENTWICKELTEN S NIS DER ZWEITEN AUSGABE SPIELT MIT DEN ZAHLREICHEN DOPPELBEGRIFFEN DER EINZELNEN RUBRIKEN. +++ FLYER ZUR PARTY AUF DEM UNIVERSITÄTSGELÄNDE +++ IN SEINEM GEDICHT »VAXUNINO« LÄSST CHRISTIAN HÖLL SEINEN EHRLICHEN HIER ERINNERT DAS TEAM DIE STUDIERENDEN DER UNIVERSITÄT IHRE TEXTE FÜR DIE KOMMENDE VIERTE AUSGABE EINZU CKELTEN SCHRIFTSATZ, DER BEI DEN ÜBERSCHRIFTEN EINGESETZT WIRD +++

20 000 Unterschiede und eine Gemeinsamkeit

An der Heinrich-Heine-Universität Düsseldorf nehmen an fünf unterschiedlichen Fakultäten rund 20 000 StudentInnen am akademischen Leben teil. Die Fakultäten sind in sich noch einmal in verschiedene Studiengänge mit oft gegensätzlichen Denkschulen aufgeteilt. Das macht 20 000 völlig verschiedene Studenten und Studentinnen, mit abweichenden Interessen, Berufswünschen und Lebensplänen. Was sie jedoch alle vereint, sind die oftmals ähnlichen Erfahrungen des Uni-Alltags: Klausurenstress, Prüfungsangst, Zukunftssorgen und Uni-Partys.

Studenten der Medien-und Kulturwissenschaften, kurz »Mekuwi«, haben diese Unterschiede und Gemeinsamkeiten als Basis für ein Projekt verstanden, um die Uni zu einen. Sie gründeten 2010 die interdisziplinäre Zeitschrift »S/ash«.

100 % Konzept ohne Abstriche

Die Idee hinter »S/ash« ist die Präsentation und Publikation von Gedanken zu einem Thema aus unterschiedlichen studentischen Blickwinkeln. Innerhalb des Universitätsalltags werden die Studenten mit grundsätzlichen sowie tagesaktuellen Fragen konfrontiert. Diese Konfrontation führt zu eigenen Ideen, Konzepten und eben manchmal auch zu Texten. Aus unterschiedlichsten Gründen finden diese Ausarbeitungen keinen Platz in den bisherigen Medien. Diesen individuellen Gedanken und Meinungen eine Plattform zu geben, sie zu bündeln und in einer gedruckten Form zu publizieren, ist Anspruch der »S/ash«-Redaktion. Im Vorfeld benennt das »S/ash«-Team Ober- und Unterthemen für die nächste Ausgabe, dann können alle Studierenden der Universität ihre Beiträge zu den betitelten Themen einsenden. Da die Begriffe »Gemeinsamkeit« und »Unterschied« eine wichtige Rolle im Konzept von »S/ash« spielen, finden sich diese auch in den Themen wieder. Diese bestehen immer aus zwei Wörtern, die sich häufig semantisch gegenüberstehen.

Die erste Ausgabe erschien nur als faltbares A1-Poster und besaß noch keine Doppelthemen. Das grundlegende Konzept wurde erst mit der zweiten Ausgabe umgesetzt. Diese befasste sich mit dem Oberthema »Heimat/Fremd«, die dritte umriss die Begriffe »Lebens/Wert«, während die noch nicht erschienene vierte Ausgabe unter dem Leitmotiv »Welt/Ende« publiziert wird. Auch die zahlreichen Unterkategorien wie »Blöd/Sinn«, »Science/Fiction« und »Schrift/Zeichen« erwecken oft den Anschein von Gegensatzpaaren. Aber genau diese vermeintlichen Gegensätze sind notwendig, um die einzelnen Begriffe wirklich zu erfassen. Niemand kann ernsthaft »Heimat« verstehen, wenn er sich noch nie »fremd« gefühlt hat. Da ein angehender Jurist die einzelnen Begriffspaarungen anders als ein Philosophiestudent definiert, bewertet und analysiert, entsteht eine Vielzahl unterschiedlicher Beiträge. Wichtig ist dem Team, den Beiträgen keine äußere Form aufzuzwingen. »Angenommen wird alles, was druckbar ist!
Ob Bastelanleitung, Essay, Kochrezept, Reisebericht, Comic, Interviews, Fotos oder Zeichnungen«, schreibt die Redaktion auf ihrer Facebookseite.

Darüber hinaus entschied sich das Team für ein radikales Designkonzept. Für jede Ausgabe wird ein neues Layout, Design und Format entwickelt. Die zweite Ausgabe erschien im Hochformat mit einem knappen Inhaltsverzeichnis, nur aus zwölf Wörtern bestehend. Darüber hinaus besprühte das Team das Cover jeder einzelnen Zeitschrift von Hand und veröffentlichte somit 400 Unikate.

Für das dritte Magazin entschied man sich für ein Querformat mit umfangreichem Inhaltsverzeichnis. Als tragendes Designelement hat das Team zweigartige Strukturen mit einem Strohalm ausgeblasen, die auf zahlreichen Seiten im Heft zu sehen sind. Einzige Konstante in der visuellen Ausgestaltung der einzelnen Ausgaben sind die Überschriften, die in der eigens entwickelten »S/ash«-Schrift, angefertigt werden.

Stolpersteine auf dem Weg zum Erfolg

Erstmals entstand die Idee zu »S/ash« von Studenten innerhalb der Medien- und Kultur-

Z, DER BEI DEN ÜBERSCHRIFTEN EINGESETZT WIRD +++ DAS HIER VORLIEGENDE SPARTANISCHE INHALTSVERZEICH- ARTY: MIT DER DRITTEN AUSGABE VERKNÜPFTE DIE REDAKTION ERSTMALS EIN EIGENES EVENT, EINER RELEASE- N FREIEN LAUF UND ERGÄNZT DIES MIT AUSREICHEND IRONIE. +++ INFOFLYER ZUR KOMMENDEN VIERTEN AUSGABE: +++ »SLASH SCHRIFT« TYPOGRAFISCHE KONTINUITÄT ERHÄLT DIE SLASH VOR ALLEM DURCH DEN EIGENS ENTWI-

wissenschaften im Jahr 2009. Das achtköpfige Team publizierte die erste Ausgabe nur institutsintern und nahm noch keine Beiträge anderer Studiengänge auf. Besonders interessant ist, dass keiner der Studenten journalistische Erfahrung vorzuweisen hatte. Publizistisch völlig unbelastet starteten die Studenten ihre konzeptionelle Arbeit. Ihre fehlende Erfahrung nutzten die Studenten zu ihrem Vorteil, indem sie bestehende Konventionen und Richtlinien über Bord warfen und sich ganz ihrem innovativen Konzept widmeten. Der Erfolg der ersten Ausgabe gab ihnen Recht. Das Projekt wuchs: Über 100 Beiträge von Studenten aus den verschiedensten Studienrichtungen mussten für die zweite Ausgabe redigiert werden. Auch die Frage nach finanzieller Unterstützung stellte sich nun. Im ASTA der Uni Düsseldorf fand die Redaktion schließlich einen unterstützenden Partner. Dennis Heinze, das letzte noch aktiv mitwirkende Gründungsmitglied, beschreibt, dass in der Anfangszeit viel Lehrgeld gezahlt wurde. Zu den größten Stolpersteinen gehörte die Koordination der einzelnen Arbeitsgruppen, die Frage der Autorenrechte und Probleme der praktischen Umsetzung. Beispielsweise gab es die Idee einer Ausgabe in einem quadratischen Format. Dies hätte aber aufgrund des hohen Papierverschnitts zu hohe Kosten verursacht. Bisher konnten jedoch alle Hürden überwunden werden. Die »S/ash« erscheint zweimal jährlich in einer Auflage von 400 Stück, zu einem Preis von 5 Euro. Die Einnahmen dienen dazu, die Unkosten zu decken und einen Teil des vorfinanzierten Geldes an den ASTA zurückzuzahlen. Bis heute ist »S/ash« ein unentgeltliches Projekt der Studierenden ohne Ambitionen auf Profit – und so soll es auch in Zukunft bleiben.

Viel Arbeit, wenig Zeit und kein Geld

Doch gerade das Arbeiten auf freiwilliger und unbezahlter Basis bringt einige Probleme mit sich. Die Zeitfenster zwischen Universitätsalltag und Job sind manchmal so klein, dass sich viele Studenten nur unregelmäßig Zeit für »S/ash« freiräumen können oder das Team endgültig verlassen.

Mit der Grundidee, dass jeder, unabhängig von seinen Erfahrungen, mitmachen kann, ist es »S/ash« jedoch bisher gelungen, einen dauerhaft aktiven Kern von acht Studierenden zu erhalten. Neben gemeinsamen wöchentlichen Team-Meetings gibt es verschiedene Arbeitsgruppen. Es herrscht ein radikales Konsensprinzip mit möglichst flachen Hierarchien vor. Bei wichtigen Entscheidungen hat das gesamte Team das letzte Wort. So lehnte das Team beispielsweise die Möglichkeit ab, das Projekt als Lehrveranstaltung mit Anwesenheitspflicht listen zu lassen. Zwar würden die Mitarbeiter dann hilfreiche Punkte für ihren Abschluss erhalten, aber der Umbau zu einer verbindlichen Lehrveranstaltung entspräche nicht mehr dem Konzept des Magazins. Darüber hinaus gründete das Team »S/ash e.V.«, der als Träger der Zeitung fungiert und die Möglichkeit bietet, den einzelnen Redakteuren Führungszeugnisse für ihre Arbeit auszustellen. Diese Zeugnisse können als Teilkompensation für die geleistete Arbeit verstanden werden.

»S/ash« im Literaturcafé

Für die Zukunft hegt das Team zwei Wünsche bzw. Ziele. Zum einen das weitere Einbinden des Projektes in kulturelle Freizeitevents. Mit der dritten Ausgabe verknüpften die Studenten bereits eine Release-Party und auf dem Open Source Festival nahmen sie mit einem eigenen Stand teil.

Zum anderen steht der Sprung vom Campus in die Stadt Düsseldorf auf der Wunschliste. Zwar ist »S/ash« ein Studentenprojekt, aber das einzigartige Konzept und die zeitlosen Themen funktionieren auch außerhalb. Team-Mitglied Dennis Heinze erklärt, dass er die Uni gerne als Homebase sehen und den Verkauf des Magazins in den zahlreichen Literatur-Cafés im Düsseldorfer Raum erreichen möchte. Auch wenn die Erfüllung dieses Wunsches noch Zukunftsmusik zu sein scheint, ist »S/ash« bisher dennoch eine Erfolgsgeschichte, die Düsseldorf um Vieles bereichert hat. ——

— VON CAROLIN FISCHER

Gegengewicht zur Schnelllebigkeit –
Die Buchbinderei Mergemeier

Die Buchbinderei Mergemeier ist jedem Düsseldorfer Buchliebhaber ein Begriff. Das alteingesessene Familienunternehmen befindet sich in einem malerischen Hinterhof mitten in der Friedrichstadt, nahe der Kö. Wer die Werkstatt betritt, taucht in die Welt einer traditionellen Handbuchbinderei ein, in der gleichzeitig die Liebe zur Kunst und zu moderner Gestaltung zu spüren ist.

In dem Handwerksbetrieb werden bedruckte Seiten, Rohbögen aus Papier oder ähnlichen Materialien zu Büchern, Heften, Broschüren und Mappen geheftet oder geklebt. Dabei reichen die Bindungen von historischen Techniken bis hin zu innovativen, modernen Varianten. Darüber hinaus stellen die 13 Mitarbeiter Kassetten und Schachteln jeglicher Form her, in die zum Beispiel kleine Geschenke eingepasst werden.

EIN BLICK IN DIE UMFANGREICHE
»WERKZEUGKISTE« DER BUCHBINDEREI
MERGEMEIER.

VERSCHIEDENE LÖSUNGEN FÜR BINDUNG
UND BUCHRÜCKEN.

Seit 66 Jahren in Düsseldorf

Die Buchbinderei wurde 1946 von Heinz Mergemeier gegründet. Heinz Mergemeier, 1913 in Westfalen geboren, war eines von acht Geschwistern, die alle ein Handwerk erlernten. Er entschied sich für die Buchbinderei und ging bei der Buchbinderei Suhr in Düsseldorf-Derendorf Ende der 1920er Jahre in die Lehre.

In der Nachkriegszeit stellte die Buchbinderei vor allem Werbe- und Verkaufsfolder aus Karton für große Firmen wie die Demag, Henkel und andere her. Ende der 1960er Jahre florierte das Geschäft regelrecht. Im Zuge der bundesdeutschen Bildungsreform wurden von Bund und Ländern verstärkt Universitäten gebaut. Düsseldorf war fortan nicht lediglich Sitz der Medizinischen Akademie, sondern wurde zur Universitätsstadt. Mit der Gründung der Volluniversität im Jahr 1965 und der Fachhochschule 1971 entstanden mehrere neue Bibliotheken. Innerhalb weniger Jahre wurden erhebliche Mengen an Büchern gekauft, die mit neuen Einbänden versehen werden mussten.

1987 übernahm Renate Mergemeier-Teltz die Buchbinderei, die bereits seit frühester Kindheit ihren Lebensmittelpunkt darstellte. Im ersten Stock der Buchbinderei befand sich damals die Wohnung der Eltern, in der sie aufwuchs, im Innenhof vor der Werkstatt spielte sie als Kind und auch in ihrer »Sturm und Drang«-Zeit als junge Erwachsene ließ der alte Handwerksbetrieb sie nie ganz los.

Ursprünglich wollte Heinz Mergemeier nicht, dass sich seine Tochter ebenfalls für einen Handwerksberuf entschied. Hinzu kam, dass Renate Mergemeier viele Interessen hatte. Nachdem sie zunächst Dolmetscherin wurde, begann sie an der Universität Düsseldorf ein Philosophie- und Soziologiestudium.

Ihr Vater erkrankte allerdings früh. Da Renate Mergemeier das einzige Kind war, entschied sie sich, parallel zum Studium bei ihrem Vater in die Lehre zu gehen, die sie mit der Gesellenprüfung abschloss. Zur Weiterbildung besuchte sie an der Folkwangschule für Gestaltung in Essen die Werkklasse »Leder und Papier«. Die Entscheidung für den Beruf der Buchbinderin traf Renate Mergemeier erst, als ihre Mutter starb. »Ich dachte, jetzt muss ich mich wirklich darum kümmern«, bemerkt sie rückblickend. Im Laufe der Zeit entdeckte Renate Mergemeier viele schöne Seiten an ihrem Beruf. Die Vielfalt der Aufgaben und Menschen, mit denen sie zu tun hatte, sowie die Möglichkeit, Herstellungsprozesse von Anfang bis Ende begleiten zu können, schätzt sie besonders.

Zum Kundenspektrum zählen internationale Anwaltsbüros, die seriöse Vertragsbücher binden lassen, ebenso wie Studenten oder Designer, die ausgefallene Ideen haben und nach individuellen Heftungen verlangen. »Bei dem einen muss etwas gröber gearbeitet werden, da geht es nicht um rechte Winkel, da soll es auch so aussehen, dass es ein bisschen handgestreckter ist, bei anderen muss pingelig genau gearbeitet werden, beispielsweise an der Typografie für Kunden, die hierauf besonderen Wert legen.«, beschreibt Renate Mergemeier die unterschiedlichen Anforderungen, die sie erfüllen muss.

Viele Leute schenken zur Hochzeit oder Geburt eines Kindes ein Gästebuch oder Fotoalbum aus hochwertigem Material mit Fadenheftung und lassen es mit individuellen Namensprägungen versehen. Manche Kunden möchten ihren historischen Sammlerwerken einen neuen Einband verleihen. Oft sollen persönliche Erinnerungsstücke, wie zerlesene Kinderbücher oder das langjährige Lieblingsbuch, durch einen neuen Einband erhalten werden.

Wiederherstellung alter Schätze – Die Restaurierung

Manchmal allerdings reicht eine neue Heftung nicht aus. Bücher sind ideale Nährböden für Bakterien und Pilze, die Papier zerstören. Feuchtigkeit in Kellerräumen oder zuviel Licht tragen ihr Übriges zum Verfall der Bücher bei.

In den 1980er Jahren entwickelte sich mit der Buch- und Grafikrestaurierung ein weiteres Geschäftsfeld. Bei der Restaurierung steht die Erhaltung des Originals im Vordergrund. Ein

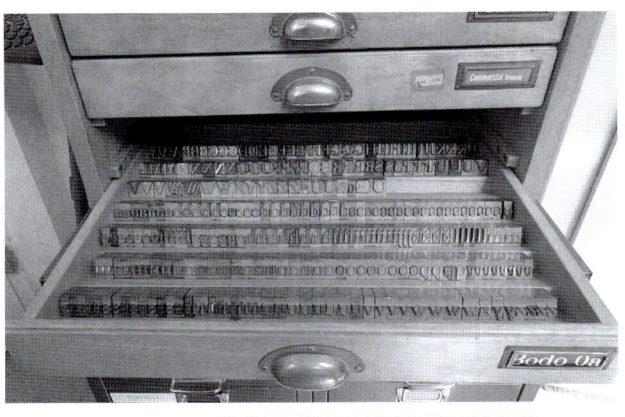

ZU DEN WERKZEUGEN DES BUCH-
BINDERS GEHÖREN AUCH BUCHSTABEN-
STEMPEL, DIE ZUR BESCHRIFTUNG
VON BUCHCOVERN EINGESETZT WERDEN.

Restaurator muss sich genauestens mit alten Einbänden, Hefttechniken und Materialien auskennen. Renate Mergemeier besuchte am »centro del bel libro« in Ascona Grundkurse in Buch- und Papierrestaurierung. Anschließend baute sie mit einer Mitarbeiterin die Abteilung auf. Die ehemalige elterliche Wohnung in der ersten Etage dient heute als Restaurierungswerkstatt.

Nicht nur der natürliche Verfall des Buches verschafft den Restauratoren Aufträge. Auch nach großen Katastrophen, bei denen alte Schriftstücke beschädigt wurden, sind die Restauratoren gefragt. Der Brand der Anna-Amalia-Bibliothek in Weimar im Jahr 2004 und der Einsturz des Historischen Archivs der Stadt Köln 2009 hinterließen unzählige fast zerstörte Bücher und Schriften, an deren Instandsetzung die Buchbinderei Mergemeier ebenfalls beteiligt ist. Derzeit werden Veröffentlichungen der Tischreden Martin Luthers aus dem 16. Jahrhundert restauriert.

Viele Aufträge kommen von Privatkunden. Aktuell wird in diesem Bereich an einem Buch aus dem 19. Jahrhundert gearbeitet, welches die Geschichte der Familie Grimm dokumentiert. Doch nicht nur berühmte Familien mit einer ehrwürdigen Geschichte sind Kunden Mergemeiers. Manche möchten auch einfach nur Großmutters alte Rezepthefte für sich und die Nachkommen bewahren.

Die Restaurierung alter Bücher ist eine besonders anspruchsvolle Aufgabe. Es müssen Hefttechniken aus den unterschiedlichsten Jahrhunderten studiert und ausprobiert werden, um die jeweiligen Werke genau so wieder herzustellen, wie sie einst aussahen. Durch die Restaurierung werden somit auch alte Hefttechniken vor dem Vergessen bewahrt.

Zwischen Handwerk und Kunst – Die Galerie

Nachdem Renate Mergemeier die Geschäfte übernommen hatte, suchte sie verstärkt den Austausch mit Künstlern und Designern. Den alten Handwerksbetrieb erweiterte sie im Jahre 1991 um eine Galerie. Seitdem zeigen Renate Mergemeier und ihre Mitarbeiterin Anna Grassl jedes Jahr mehrere Ausstellungen rund um das Thema »Buch«.

»Ich selbst kannte schon Künstlerbücher von Messen und fand immer, dass es eine anregende Dimension ist. Laienhafte Leute – zumindest vom buchbinderischen Handwerk her – bringen oft überraschende Lösungen«, erklärt Renate Mergemeier ihre Motivation für die Organisation der Ausstellungen. Es gefällt ihr, dass Buchkünstler selbst drucken und kleine hochwertig gestaltete Auflagen produzieren. Gleichzeitig suchen die Künstler nach Orten, an denen sie ihr Werk zeigen können. Genau diese Plattform bietet die Galerie Mergemeier den Künstlern, macht ihre Arbeit der Öffentlichkeit bekannt und fungiert so als Begegnungsort zwischen Handwerkern, Designern und Öffentlichkeit: »Die Galerie dient auch dazu, Bücher einer breiteren Öffentlichkeit bekannt zu machen. Ein Buch ist ja schon ein bisschen was Verstecktes«, bemerkt die Inhaberin.

Die deutsche Buchkunst ist auch im Ausland beliebt. Renate Mergemeier verkaufte bereits Bücher an das Museum of Modern Arts in New York, die New York Public Library, nach Yale und an das Wesleyan College. Das mache ihr Spaß, sagt Renate Mergemeier.

VOR ALLEN DINGEN ALTE BÜCHER
SOLLEN VOR IHREM MATERIELLEN
VERLUST BEWAHRT WERDEN.

Rückkehr zur Romantik

Bücher und ihre Einbände durchlaufen mit der Zeit verschiedene Modeströmungen. In den 1990ern waren laut Mergemeier sehr schlichte Sachen gefragt. Die Einbände mussten puristisch sein, nur in Schwarz und Grau gehalten. Gegenwärtig ist ein anderer Trend auf dem Vormarsch: Den Kunden gefallen Schnörkel, Schreibschrift und weiche Einbände wie japanische Seiden und andere Stoffe. Die Mode in der Buchbinderei folgt zeitversetzt den Trends in der Architektur, wie Renate Mergemeier in den letzten Jahrzehnten beobachtete:

»Man hat früher gesagt, dass die Mode sich bei den Einbänden nach der Architektur entwickelt. Erstaunlicherweise ist das auch gar nicht so falsch, weil das Buch tatsächlich nicht zweidimensional ist, es ist dreidimensional. Als in der Architektur alles kantig war und sichtbar, wollten die Leute das auch an den Büchern sehen. Zum Teil gibt es diese Welle immer noch, das heißt der Buchrücken ist offen, sodass man die Heftung sehen kann. In der Architektur ist das schon längst passé, aber bei uns ist das nicht so.«

Ein altes Handwerk in Zeiten der Serienproduktion

Die Produktion großer Buchserien kann von der Handbinderei nicht geleistet werden. Früher fertigten die Mitarbeiter noch öfter schön ausgestattete Kleinserien an, die eine Auflage von 200 bis 500 Stück umfassten. Heute werden diese Auflagen schon in der Industrie bearbeitet und die noch größeren gehen an Buchbindereien im Ausland, die kostengünstiger arbeiten können. Die Bibliotheken sind ebenfalls seltene Kunden geworden. Seit ungefähr 15 Jahren wird außer ein paar Handexemplaren nur noch wenig eingebunden und wenn, dann weniger zeitaufwändig. So unterschiedlich kann in einer Handbuchbinderei nicht gearbeitet werden: »Sie können schlecht in einer Werkstatt wie dieser einmal hohe Qualität und Aufmerksamkeit verlangen und dann beim nächsten Auftrag alles ganz schnell durchziehen. Das geht nicht, das passt dann nicht zusammen«, erklärt Renate Mergemeier. Da die modernen Bibliothekseinbände alle mit Barcodes versehen sind, müssten die Bindemaschinen darauf eingestellt werden und könnten nicht gleichzeitig vielfältig für individuelle Aufgaben genutzt werden. Mergemeier hat sich hier gegen den Trend entschieden und ist bei der vielseitigen, anspruchsvollen Buchbinderei geblieben. Zukunftssorgen müssen Renate Mergemeier und Ulrike Meysemeyer, die seit 2009 zweite Geschäftsführerin ist, dennoch nicht haben. Trotz oder gerade wegen des digitalen Zeitalters hat die Buchbinderei Mergemeier Bestand, selbst wenn sich das Geschäftsfeld etwas verändert hat.

Der Mensch braucht immer auch etwas, das er anfassen kann, etwas Haptisches und erst durch einen schönen Einband wird ein besonderer Inhalt angemessen gewürdigt. Gerade in der heutigen Zeit versuchen Menschen laut Renate Mergemeier, durch Bewahrung von Familientradition ein Gegengewicht zur Schnelllebigkeit zu schaffen. Und es sind zunehmend junge Leute, die sich Zeit und Muße nehmen, um selbst mit Hilfe von moderner Medientechnik wie Computern individuelle Schriften und Bücher für Freunde und Partner zu schaffen und diesen Inhalten als Buch eine bleibende Form zu geben. ——

ANGESTELLTE UND ANGEHÖRIGE DER BUCHBINDEREI.

EIN SCHILD AM EINGANG WEIST AUF DIE DOPPELTE NUTZUNG DER RÄUMLICHKEITEN DER BUCHBINDEREI MERGEMEIER HIN.

Manchmal muss die Straße gesperrt werden ...
Drucken in Bilk

von Robert Kieselbach

Die Aufschrift Druckerei D. Neveling weist schon seit einigen Jahrzehnten Kunden den Weg in die kleine Druckerei direkt an der Düssel. Seit 1954 ist die Firma an der Karolingerstraße angesiedelt. Fast übersieht man das schlichte Gebäude, ein wenig versteckt und unscheinbar ist der Eingang, hinter dem sich das erfolgreiche Familienunternehmen in der dritten Generation befindet.
Früher teilte man sich das Quartier mit zahlreichen Mitbewerbern, von denen einige auf die grüne Wiese vor die Stadt gezogen sind, diesen Schritt aber nicht überlebt haben. Noch vor etwa zehn Jahren gab es im Umkreis von einem Kilometer sechs oder sieben Druckereien, eine sogar unmittelbar nebenan. Die verwitterte Aufschrift am Nachbargebäude kündet noch von diesen Zeiten.

Ein Familienunternehmen in der dritten Generation

"Seit über 80 Jahren treiben wir es bunt", schreibt die Druckerei auf ihrer Homepage. Sie ist ein klassisches Familienunternehmen. Gegründet wurde es als Linierbetrieb im Jahr 1924 von Diedrich Neveling und seiner Frau Elisabeth. Da Diedrich noch als angestellter Drucker tätig war, firmierte man zunächst unter dem Namen seiner Frau als E. Neveling. Wenige Jahre später brachte der Zweite Weltkrieg dem kleinen Unternehmen fast das Aus. 1941 wurden die Räume der Druckerei, damals noch an der Corneliusstraße gelegen, völlig ausgebombt. Das Papier verbrannte und das Blei für die Lettern schmolz.
Elisabeth und Diedrich Neveling hatten eine Tochter, Lieselotte, die 1964 gemeinsam mit ihrem Ehemann Leopold Tohl in das Geschäft einstieg. Die ganze Familie musste nach dem Krieg völlig neu wieder anfangen; ein hehres Ziel in der Trümmerwüste. Nirgendwo gab es Material, also lief Leopold Tohl durch die Ruinen der Stadt und suchte nach Bleiresten, die er dann nach Leipzig in eine Schriftgießerei brachte, um neue Lettern anfertigen zu lassen.
In den neu aufgebauten Räumen in der Corneliusstraße lief die Produktion im Chaos der unmittelbaren Nachkriegszeit langsam wieder an. Es fehlte überall am Nötigsten. So musste die Familie etwa vor der Währungsreform mit den Fabriken im Ruhrgebiet Drucksachen gegen Kohle tauschen. In der Nachkriegszeit konnte sich die Druckerei wieder etablieren, die Geschäfte liefen gut, bald war der Standort in der Corneliusstraße zu klein. Also wurde in den Jahren 1953 das heutige Grundstück in der Karolingerstraße gekauft und die Produktionshalle gebaut. Zu dieser Zeit fand man noch zahlreiche Gewerbetreibende und Kleinunternehmer rund um die Aachener Straße. Heute ist die Gegend fast ein reines Wohngebiet und man würde vermutlich nicht mehr die Genehmigung bekommen, dort zu produzieren.

Unter dem Namen D. Neveling richtete sich die Belegschaft am neuen ...

SEIT 1954 BEFINDET SICH DAS FAMILIENUNTERNEHMEN IN DER KAROLINGERSTRASSE – DIREKT AN DER DÜSSEL

… Standort ein. Leopold und Lieselotte Tohl arbeiteten ihr Leben lang in der Druckerei und gaben das Geschäft schließlich an ihre Tochter Ursula Müller weiter. »Ich bin sozusagen in der Druckerei großgeworden«, erinnert diese sich, »wenn es regnete, bin ich um die Maschinen herum Rollschuh gefahren.« Seit 1983 ist Helmut Schumacher Teil der Geschäftsführung und Kommanditist. Vorher war er Betriebsleiter einer Druckerei mit rund 30 Mitarbeitern. Seinen Beruf hat er, wie er sagt, »von der Pike auf gelernt«. Er hat als Buchdrucker begonnen, danach den Offsetdruck gelernt und weiter in den Bereichen Reprotechnik, Lithografie, Offsetmontage und Plattenkopie gearbeitet.

Eine Druckerei im Fluss der Zeit

Im Wechsel der Zeit waren ständige Anpassungen des Programms nötig. So kam nach dem Krieg zum Buchdruckgeschäft bald die Gründung eines Formularverlages hinzu, der sich auf die Herstellung von Formularen zur Unfallerfassung und Heilverfahren für die Berufsgenossenschaften spezialisierte. 1978 erfolgte der Einstieg in den Offsetdruck samt Repro- und Lithoabteilung und 1984 begann das Unternehmen mit dem Fotosatz. Der Lauf der Zeit und der Wandel der Technik brachten laufend Veränderungen in die Karolingerstraße. Insbesondere der Einstieg in die digitalen Medien war eine gewaltige Umstellung. Doch Helmut Schumacher betont, wie wichtig es für das Unternehmen ist, mit dem technischen Fortschritt mitzuhalten: »Gerade durch die digitale Technik gab es große Veränderungen, wer da nicht Schritt gehalten hat, der hatte verloren.« Doch im digitalen Zeitalter verliert die Handarbeit immer mehr an Bedeutung. So hat sich die Zahl der Mitarbeiter von ungefähr 15 auf beschauliche fünf reduziert, während der Umsatz aber munter steigt.

Heute druckt man für Kunden wie den DKV Euro Service, die Kunstakademie Düsseldorf, die Volkshochschule Düsseldorf und die Düsseldorf Marketing und Tourismus GmbH. Wenn in der Stadt eine Veranstaltung stattfindet, dann ist die Chance groß, dass einige der Drucksachen dafür von der Druckerei Neveling produziert wurden.

Das Dienstleistungsspektrum umfasst alles, vom Satz über die Bildbearbeitung bis zum Druck. Neveling versteht sich als Manufaktur, in der die Arbeit von Spezialisten präzise und mit großem Sachverstand erledigt wird. Individuelle Kundenberatung ist dem Unternehmen besonders wichtig, maßgeschneiderte Betreuung wird bei Neveling ganz groß geschrieben. Hier spielt die Größe des Unternehmens eine entscheidende Rolle: In einem kleinen Betrieb ist es möglich, auch aufwändigere Wünsche zu erfüllen, die andere Betriebe ablehnen müssen.

An anderer Stelle in diesem Magazin stellen wir die Zeitschrift »S/ash« vor. Auch sie wird bei Neveling gedruckt und ist ein Beispiel für die Kundenorientierung der Bilker Druckerei. Die Studierenden der »S/ash« haben oft extrem ambitionierte Ideen, die aber aufgrund des begrenzten Budgets schwierig umzusetzen sind. In Gesprächen wird dann oft so lange nach einer Lösung gesucht, bis alle zufrieden sind. Man merkt, die Arbeit ist für Helmut Schumacher und Ursula Müller nicht nur Broterwerb, sie stehen voll hinter ihren Produkten. »Nicht, dass wir darauf bestehen«, schreibt das Unternehmen auf seiner Homepage, »aber wenn nötig, arbeiten wir zu jeder Tages- und Nachtzeit, um Ihren Druckauftrag pünktlich auszuführen.«

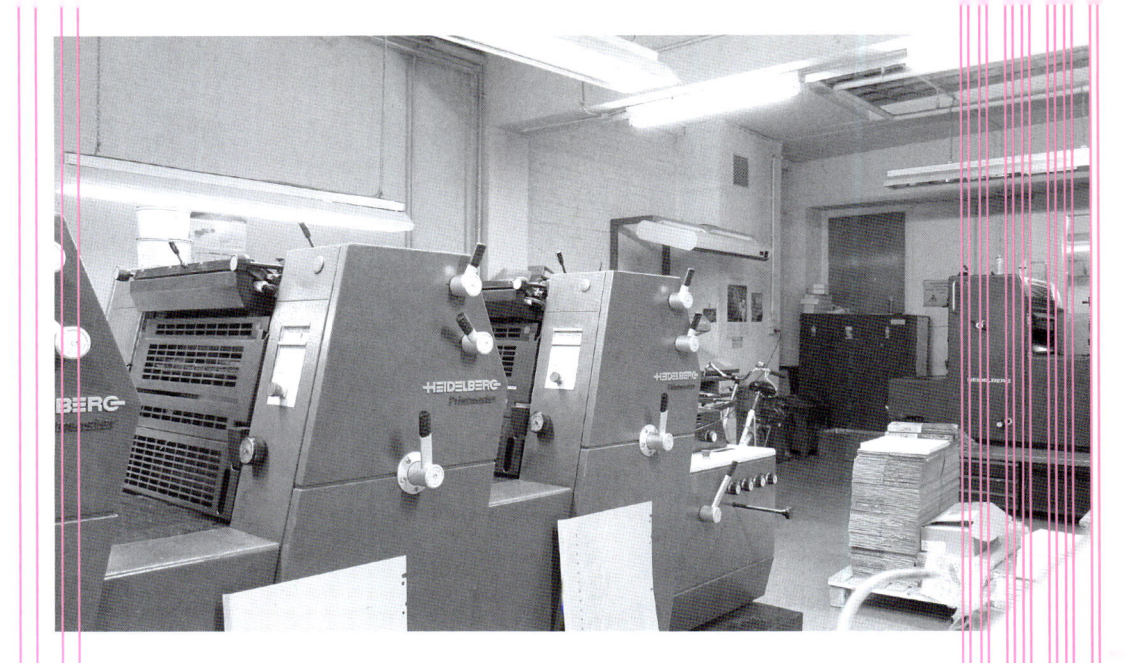

Die beiden derzeitigen Geschäftsführer hoffen, die Druckerei einmal an ihre Söhne weitergeben zu können. Beide sind in der Branche tätig, sodass man davon ausgehen kann, dass einmal die vierte Generation die Geschicke der Druckerei Neveling lenken wird.

Nicht auf der grünen Wiese

Heute gibt es in Bilk nicht mehr viele Druckereien. Diejenigen, die den Wandel der Drucktechnik überstanden haben, produzieren nun überwiegend in den Industriegebieten vor der Stadt. Zwar stört das Rattern der Druckmaschinen dort niemanden, aber dafür sind auch die Wege zum Kunden weiter, obwohl heute natürlich die Kommunikation weitgehend per E-Mail geführt wird. Der Trend geht heute zu einer Trennung von Wohnen und Arbeiten. Es gibt nur noch wenige handwerkliche Betriebe in der Stadt. So wird das Leben in den Vierteln zwar ruhiger, aber sicher etwas ärmer.

Neveling bleibt dem Standort Bilk treu. Und wenn die Aufträge richtig groß sind, dann findet man immer eine Lösung, etwa wenn es darum geht, 20 Tonnen Papier durch die schmale Karolingerstraße zu transportieren. »Manchmal muss dann eben die Straße gesperrt werden« sagt Helmut Schumacher. Und mit dem Hupkonzert, das dann manchmal folgt, sollte man unserer Meinung nach leben können. ——

LINKS: DIE OFFSET-MASCHINE IN DER TRADITIONSDRUCKEREI

OBEN: ZWISCHEN KARTONS UND MASCHINEN: GESCHÄFTIGES TREIBEN IN DER DRUCKEREI

UNTEN: AUCH FORMULARE WERDEN ZÄHLEN ZUM ANGEBOT DER DRUCKEREI. EINE WICHTIGE ROLLE BEI DER HERSTELLUNG SPIELT DIE ZUSAMMENTRAGMASCHINE.

A

Buchbinderei-Handwerk — Düsseldorf ist zwar keine traditionelle Verlagsstadt, trotzdem wirkte hier einer der bedeutensten deutschen Buchbinder. Paul Adam wurde als Meister an das Düsseldorfer Kunstgewerbemuseum berufen und war Initiator der 1902 gegründeten Freien Innung für Buchbinder-, Kartonagen- und Lederarbeiten, die sich vor allem der Restauration von wertvollen Einbänden der Bücher des Zentralgewerbevereins für die Rheinlande und Westfalen widmete.

Buchdruck — Der Beginn des Düsseldorfer Buchdrucks wird auf das Jahr 1555 datiert. Der Niederländer Jakob Bathen druckte größtenteils Verordnungen und Erlasse des Herzogs. 1557 wurde die Werkstatt Bathens von Albertus Buys übernommen, der seinen Schwager Johannes Oridryus zum Geschäftspartner machte. In der Folgezeit druckten sie vor allem Schulbücher für das Düsseldorfer Gymnasium.

Bücherbummel auf der Kö — Seit dem Jahre 1985 präsentieren sich einmal jährlich Büchereien, Verlage und Literaten auf der berühmten Einkaufsstraße. Mit mehr als 400.000 Besuchern und als Höhepunkt der Düsseldorfer Literaturtage hat der Bücherbummel auch nach 27 Jahren nichts von seiner Anziehungskraft verloren.

Altstadt — Die Altstadt ist das wohl mit Abstand bekannteste Viertel der Landeshauptstadt. Neben Einkaufsmöglichkeiten dominieren vor allem die vielen Bars und Kneipen das Stadtbild, zudem verfügte sie über einige Theater und Kleinkunstbühnen verfügt. Mitten in der Altstadt, in der Bolkerstraße 53, wurde Heinrich Heine geboren.

Altbier — Das berühmte Düsseldorfer Bier wird vor allem an der längsten Theke der Welt ausgeschenkt. Besonders interessant sind auch die farbenfrohen und individuell gestalteten Bierdeckel der Düsseldorfer Brauereien.

Droste Verlag — Schon bevor Heinrich Droste sein Unternehmen gründete, war er publizistisch aktiv. Am 1. Oktober 1948 erhielt er die nötige Lizenz zur Gründung seines Buchverlags, der noch heute in der Hand der Familie liegt. Besonders die Veröffentlichung von Heinrich Spoerls Feuerzangenbowle steigerte die Bekanntheit des Düsseldorfer Unternehmens. In jüngster Vergangenheit setzte man vor allem durch die Publikation von Freizeitführern regionale Akzente.

DUP (Düsseldorf University Press) — Der Universitätsverlag düsseldorf university press GmbH (dup) wurde 2008 als An-Institut der Heinrich-Heine-Universität Düsseldorf gegründet, um Forschungsergebnisse der HHU und anderer Institutionen zeitnah und kostengünstig zu veröffentlichen. Das Spektrum reicht von wissenschaftlichen Monografien, Sammelbänden und Reihen über Qualifikationsschriften, Festschriften, Lehrbücher und Studienmaterialien bis zu wissenschaftlichen Ratgebern. Auch Nachwuchswissenschaftlern bietet der Verlag eine Plattform, ihre Forschungsergebnisse einer breiteren Öffentlichkeit zugänglich zu machen. dup betreut gegenwärtig dreizehn geisteswissenschaftliche, drei medizinische, zwei rechtswissenschaftliche Reihen sowie eine naturwissenschaftliche und eine wirtschaftswissenschaftliche Reihe. Neben der Veröffentlichung als Printversion ist auch eine Onlinepublikation der Titel im Rahmen von Open Access möglich. Anfang 2012 wurde zudem die Sparte E-Books in das Verlagsprogramm aufgenommen.

— VON VIKTORIA EIDEN, CAROLIN FISCHER, SABRINA KIRSCHNER, RENE LEHMANN, MAREIKE SCHÖN

Düsseldorf

- **Eremiten-Presse** —— Zu den bekannteren Düsseldorfer Verlagen zählt die seit 1972 in Düsseldorf ansässige Eremiten-Presse. Für das 1949 von Otto Stomps in Frankfurt als »Bibliophiler Verlag für Dichtung und Kunst« gegründete Verlagshaus zählte nicht nur der bisweilen experimentelle Inhalt jenseits des Mainstreams, mit dem als Nischen-Verlag ein exklusiver Kreis von Literaturliebhabern bedient werden sollte. Besonders großen Wert legte man auch auf eine ästhetische Form der Publikationen. Hochwertiges Papier, eine erlesene Typografie und stilvolles Layout sind neben den Illustrationen, einem sauberen Druck und einer stabilen Bindung besonders wichtig. Aufgrund seines hohen Qualitätsanspruchs hatte der Kleinverlag immer wieder mit finanziellen Engpässen zu kämpfen. 2010 stand der Verlag endgültig vor dem Aus und musste seine Druckerpressen abstellen.

- **Fortuna** —— Der Düsseldorfer Fußball-Club mit dem rot-weißen Logo zählt mittlerweile zu den Aushängeschildern der Stadt. Auf der Tribüne der ehemaligen Spielstätte der Fortuna, dem Paul-Janes-Stadion, das sich fast in unmittelbar Nähe zur Flingerner Geschäftsstelle des Fußballclubs befindet, gibt es ein kunstvolles Graffiti. Dieses zeigt nicht nur die Fortuna, sondern auch Wahrzeichen der Stadt, wie den Fernsehturm, die Gehry-Bauten oder die Stadtflagge.

- **Grupello** —— »Das Auge liest mit – schöne Bücher für kluge Leser!« Mit seinem Motto reiht sich der 1990 in Düsseldorf von Bruno Kehrein gegründete Verlag in einen Reigen von Verlagshäusern aus der Landeshauptstadt ein, die es sich zum Ziel gesetzt haben, exklusiv gestaltete und qualitativ hochwertig verarbeitete Bücher auf den Markt zu bringen. In seinen Anfangstagen hatte der bibliophile Verlag einen engen Lokalbezug und verlegte fast ausschließlich Düsseldorf bezogene Werke. Heute umfasst das Verlagsprogramm neben Sachbüchern und Bildbänden auch Quiz-Boxen zu Städten und Regionen. Sein Augenmerk legt Kehreins Verlag allerdings auf die Belletristik und wird seinem gestalterischen Anspruch vor allem dadurch gerecht, dass man bildende Künstler für die Gestaltung von Vorzugsausgaben gewinnen konnte.

- **Gute Gesellschaft Verlag** —— »Klein aber fein« könnte das Motto des 2003 gegründeten Gute Gesellschaft Verlages sein. Der exklusive Düsseldorfer Verlag, der bis dato eine Handvoll Bücher herausgegeben hat, sieht sich dem visuellen Gemeinwohl und innovativen Design-Konzepten verpflichtet. Grafik, Typografie und Fotos spielen eine wichtige Rolle. Auch deshalb konnte man bereits 2008 für die Gestaltung der Website den Marketing-Preis des Buchhandels einfahren, ein Jahr zuvor wurde man mit dem World Cookbook Award ausgezeichnet.

- **Gheretzem** —— Auch Gutenbergs Gesellen ließen sich am Rhein nieder. Beim Kölner Schüler Tell lernte Johann Manthen von Gheretzem, ein weitgereister Mann, der auf seiner Walz bis nach Venedig kam. Gheretzems Name führte zu Spekulationen, der Düsseldorfer Kunsthistoriker Stöcker vertritt den Standpunkt, dass der Drucker aus dem 15. Jahrhundert aus Gerresheim kam, da in Gheretzems Testament die Düsseldorfer Kirchen St. Margaretha und St. Hyppolytus bedacht wurden.

- **Heinrich Heine Haus** —— Ein Muss für jeden Düsseldorfbesucher ist das Heine Haus, das sich mitten in der Altstadt in der Bolkerstraße 53 befindet. Das Geburtshaus des weit über die Landeshauptstadt hinaus bekannten Schriftstellers stammt aus dem 17. Jahrhundert und steht seit 1990 unter Denkmalschutz. Nach erfolgreicher Sanierung im Jahr 2006 wurde es einer breiten Öffentlichkeit zugängig gemacht und entwickelt sich seitdem zu einem kulturellen Zentrum. Einen großen Anteil daran haben Rudolf Müller und seine Frau Selinde Böhm, die seitdem im vorderen Teil des Hauses ihre 1989 gegründete Buchhandlung betreiben. Im hinteren Bereich der Buchhandlung befindet sich das Literaturcafé. Dort finden wöchentlich Autorenlesungen und andere kulturelle Veranstaltungen ein Forum.

- **Heinrich Heine Institut** —— Die bedeutendste Sammlung an Schriften von und über Heine wurde 1970 gegründet und konnte auf das 1906 gegründete Heine-Archiv und weitere Sammlungen mit Primär- und Sekundärliteratur zurückgreifen. Der heutige Besitz umfasst Heine-Handschriften, fast alle gedruckten Heineausgaben sowie zahlreiche Bände an Sekundärliteratur sowie Autografen, Büsten, Bilder und andere Heine-Hinterlassenschaften.

— Japan-Tag — Seit 2002 feiert Düsseldorf die deutsch-japanische Freundschaft mit einem kulturellen Begegnungsfest. Stände, Bühnen- und Showprogramme bringen den Rheinländern die fernöstliche Kultur näher. In Kalligrafie-Kursen können Besucher lernen, japanische Schriftzeichen auf kunstvolle Weise zu schreiben. Höhepunkt des Events ist das abendliche Feuerwerk am Rhein.

— Immermannstraße — Little Nippon mitten in Düsseldorf. In der Immermannstraße können nicht nur Sushi oder Onigiri gegessen werden, sondern auf zahlreichen Reklametafeln und Bücherläden die Ästhetik des japanischen Schriftsystems bestaunt werden.

— Luisenstraße — Dort befindet sich neben der alteingesessenen Buchbinderei Mergemeier das Institut für Design, an welchem sich kreative Geister zum Kommunikationsdesigner ausbilden lassen können und Buchtypo, ein Büro für Buchgestaltung und Typografie.

— Lilienfeld Verlag — Im Lilienfeld Verlag erscheinen in schön gestalteten Büchern Texte, die faszinieren, amüsieren oder ergreifen sollen: »Junggebliebenes aus alten Zeiten, Funde aus Archiven und ab und zu auch Allerneuestes« – so fasst der junge Düsseldorfer Verlag sein Programm zusammen. Viola Eckelt und Axel von Ernst, die im Jahr 2006 den Verlag gründeten, haben sich (Wieder-)Entdeckungen literarischer Schätze verschrieben, auch wenn sie vereinzelt zeitgenössische Autoren drucken. Zu den bekannteren Autoren des Verlags zählt neben Oswald Spengler, Franz Hessel. Der Vater des Empört-Euch-Verfassers Stéphane Hessel ist einer der bevorzugten Autoren des Verlags, allesamt in der Reihe Lilienfeldiana, seiner Werke, allesamt in der Reihe Lilienfeldiana, veröffentlicht wurden. In einem Halbleineneinband und der Gestaltung durch zeitgenössische Künstler möchte man auch ästhetisch und qualitativ ansprechende Bücher anbieten. Im Jahre 2010 wurden Eckelt und von Ernst auf der Leipziger Buchmesse mit dem Förderpreis der Kurt Wolff-Stiftung bedacht. Dabei wurde neben der Verbindung von alter und neuer Literatur explizit die ansprechende Buchgestaltung hervorgehoben. Auch die Kunststiftung NRW fördert die jungen Verleger, im Rahmen des Projekts »Literaturdialoge« werden im Düsseldorfer Verlagshaus französische Titel übersetzt.

— Lee Ma Tcha — Mitten im japanischen Viertel befindet sich das Restaurant Lee Ma Tcha. Für Besucher gehen die drei Schriftzeichen im Schaufenster des von Myoung-Gu Lee geführten koreanischen Lokals möglicherweise als japanische Schriftzeichen durch. Vor allem für den grafisch und kulturell interessierten Besucher lohnt es sich, ein Blick in das Restaurant zu werfen. Auf der weißen Wand haben sich mit bunten Farben Gäste verewigt: Neben koreanischen Botschaften vervollständigten Telefonnummern, URLs, Sticker, englische Weihnachts- und Neujahrswünsche, Daten, Herzen, Autogramme von Fußballspielern und sogar ein Köln-Wappen das farbenfrohe Gemälde.

— Rheinturm — Mit über 240 Metern Höhe ist der im Jahre 1979 erbaute Fernsehturm das größte Wahrzeichen der Stadt. Direkt neben dem Landtag gelegen fällt er vor allem durch eine einmalige Uhrkonstruktion auf, die am Schaft angebracht wurde. Die Installation des Aachener Künstlers Horst Baumann nennt sich Lichtzeitpegel und besteht aus kreisrunden Lampen, die je nach Schaltung Stunden, Minuten und Sekunden anzeigen. Die Idee Baumanns zeigt, dass es durchaus nicht immer nötig ist, Zahlen zu lesen, um zu wissen, wie spät es ist.

— Persil — Seit über 80 Jahren zieren vier mehrere Meter hohe Persil-Schriftzüge das Wilhelm-Marx-Haus. Die Reklame auf dem denkmalgeschützten Hochhaus erstrahlt jede Nacht inmitten der Altstadt. Eine Hebebühne senkt das Logo tagsüber ab, so dass es nur abends zu sehen ist. Die bereits 1924 fertiggestellte und 24 Tonnen schwere Reklame wurde 1931 auf dem Wilhelm-Marx-Haus angebracht. Die damals noch in blau und rot leuchtenden Buchstaben blieben ab 1939 dunkel. Nach dem Krieg und anschließender Reparatur erhellte die Reklame ab 1949 wieder die Altstadt. Nach dreijähriger Reparatur erstrahlte der Schriftzug ab dem 17. Dezember 2009 wieder. Das in den 1920ern fertiggestellte Wilhelm-Marx-Haus gehörte zu den ersten Hochhäusern in Deutschland. Im Laufe der Jahrzehnte entwickelte sich das Gebäude zu einem Wahrzeichen Düsseldorfs; es steht samt der Persil-Werbung seit 1984 unter Denkmalschutz.

— Safrass In dem Oberkasseler Lokal fanden Sonntagmorgens lange Zeit sogenannte Kneipenlesungen statt. Dort wurden zumeist unbekannte Literaten, allerdings auch Günter Grass und Rose Ausländer vorgestellt.

— Sternverlag Das Buchhaus und Antiquariat Sternverlag in der Düsseldorfer Friedrichstraße ist mit einem Bestand von 400.000 Büchern, CD-Roms, DVDs und Hörbüchern eine der größten Buchhandlungen Europas. Das Familienunternehmen in der dritten Generation umfasst ein Antiquariat von 75 000 Bänden, einen Stöbermarkt mit Restbeständen, eine Versandbuchhandlung, eine internationalen Bibliothekendienst und Sonderdienste für Wirtschaft, Verwaltung, Schulen und Pädagogen. Für die Studierenden der Heinrich-Heine-Universität gibt es eine Universitätsbuchhandlung auf dem Campus. Im Geschäft an der Friedrichstraße können Bücherliebhaber auf einer Fläche von 8 000 Quadratmetern nach Herzenslust stöbern und sich über Neuheiten auf dem Markt informieren.

— Stadtarchiv Im Gedächtnis der Stadt lagern Düsseldorfs älteste Archivalien. Die Schrift der Urkunde aus dem Jahre 1638, mittels welcher Herzog Wolfgang Wilhelm von der Pfalz Thomas Düssel von Lehnsbindungen befreit, ist kunstvoll verziert.

— ULB Mit der Übernahme der alten Stadtbibliothek im Jahre 1970 und der Zusammenlegung mit der Zentralbibliothek der ehemaligen Medizinischen Akademie erfolgte die Gründung der Landesbibliothek. Heute ist die Bibliothek die erste und wichtigste Anlaufstelle für rund 20 000 Studierende sowie eine Vielzahl von Wissenschaftlern und beherbergt zahlreiche antiquarische Schätze des Rheinlandes.

— Stadtbücherei Eine »Öffentliche Bücherei für alle Bevölkerungskreise« wurde in Düsseldorf 1886 gegründet und stellte damit Bücherwissen für alle bereit. Heute beherbergt die Zentrale am Berta-von-Suttner-Platz fast 450 000 Medien.

— Wibbel Das am 14. Juli 1913 in Düsseldorf uraufgeführte Theaterstück Schneider Wibbel erzählt die Geschichte des gleichnamigen Schneidermeisters, der für eine Beleidigung des Kaisers Napoleon eine mehrwöchige Gefängnisstrafe absitzen muss. Der Meister überredet seinen Gesellen, die Strafe für ihn abzusitzen, doch leider stirbt der junge Mann im Gefängnis. Wibbel, der von nun als tot gilt, kehrt als sein eigener Zwillingsbruder nach Düsseldorf zurück. Das Stück erlangte weit über Düsseldorf hinaus Berühmtheit und wurde allein im Düsseldorfer Schauspielhaus über 1000mal gezeigt. Bis heute folgten rund sieben Verfilmungen. Im Herzen der Altstadt erinnert vor allem die Schneider-Wibbel-Gasse mit einer Statue des literarischen Vorbildes an das bekannte Theaterstück.

— Tonhalle Die Düsseldorfer Tonhalle befindet sich direkt am Rheinufer und zählt zu den bekanntesten Konzerthäusern der Landeshauptstadt. In jüngster Zeit machte sie vor allem durch innovative QR-Code Kampagnen auf sich aufmerksam.

Düsseldorf

— Radschläger Eines der Wahrzeichen Düsseldorfs ist der Radschläger. Egal ob auf Gullideckeln, in Brunnen oder Statuen, selbst auf Mitbringseln – überall im Stadtbild ist der Düsseldorfer Brauch des Radschlagens verewigt.

— RP (Rheinische Post) Mit einer durchschnittlichen Auflage von ca. 350.000 Exemplaren gehört die Rheinische Post zu den größten regionalen Tageszeitungen Deutschlands. Seit ihrer Gründung im Jahre 1946 in Düsseldorf ist das Zeitungsunternehmen eng mit der Stadt verbunden.

— Zeitungen Erste regelmäßig erscheinende Düsseldorfer Zeitung war die um 1712 herausgegebene »Stadt Düseldorff(er) Post-Zeitung«, die vom zugezogenen Tilman Liborius Stahl herausgeben wurde. Sie bestand bis zum Tod von Stahls Witwe um 1760. Seit 1745 gab es das »Wöchentliche Frag- und Kundschaftsblatt« des Hofkammerrats Steinhausen, 1773 gab der Klever Johann Gottfried Baerstecher die Zeitschrift »Freund der Wahrheit und des Vergnügens am Niederrhein« heraus, die bis 1780 existierte. Es gab zudem eine Hand voll anderer Journale, die dieses Schicksal der Kurzlebigkeit teilten.

— Zukunft Zum Abschluss möchten wir einen Blick nach vorne wagen und hoffen, in Zukunft mit weiteren typotopografischen Beiträgen zu informieren und unterhalten.

WWW.MEDIENGRUPPE-UNIVERSAL.DE

SDAAGNUKNG

Ein großes Dankeschön an die Mediengruppe UNIVERSAL München, die die drei Typotopografiehefte »München«, »Berlin« und »Düsseldorf« gedruckt haben und damit das Projekt grosszügig unterstützt haben.